U0885567

投资组合最优决策问题研究

Study on Portfolio Optimal Decision Problem

李爱忠　著

中国金融出版社

责任编辑：吕　楠
责任校对：孙　蕊
责任印制：丁淮宾

图书在版编目（CIP）数据

投资组合最优决策问题研究／李爱忠著．—北京：中国金融出版社，2020.7
ISBN 978－7－5220－0691－8

Ⅰ.①投…　Ⅱ.①李…　Ⅲ.①组合投资—研究　Ⅳ.①F830.59

中国版本图书馆 CIP 数据核字（2020）第 119929 号

投资组合最优决策问题研究
TOUZI ZUHE ZUIYOU JUECE WENTI YANJIU
出版
发行　中国金融出版社
社址　北京市丰台区益泽路 2 号
市场开发部　(010)66024766，63805472，63439533（传真）
网 上 书 店　http：//www.chinafph.com
(010)66024766，63372837（传真）
读者服务部　(010)66070833，62568380
邮编　100071
经销　新华书店
印刷　北京七彩京通数码快印有限公司
尺寸　169 毫米×239 毫米
印张　9.25
字数　161 千
版次　2020 年 7 月第 1 版
印次　2020 年 7 月第 1 次印刷
定价　68.00 元
ISBN 978－7－5220－0691－8
如出现印装错误本社负责调换　联系电话(010)63263947

本书得到以下基金资助

国家自然科学基金项目（项目号：71171009）巴塞尔新资本协议框架下的压力测试方法论研究

国家自然科学基金重点项目（项目号：71031001）经济管理领域中的高维复杂数据分析理论与应用

前言

金融市场是一个复杂的非线性系统，在不确定的环境下，如何在有限时域内最优配置资源，是金融理论研究的核心问题之一。面对现实生活中的大量不确定性因素以及多期投资问题，Markowitz 的投资组合理论以及在其基础上发展起来的资本资产定价理论和套利定价理论则显得无能为力。本书根据现代投资组合理论的发展脉络，并考虑到了现实生活中存在的影响投资活动的各种约束条件，综合集成预测方法和模糊决策理论，采用随机最优控制技术和贝尔曼最优方程重点研究了连续的、多期投资组合问题、摩擦市场的多阶段动态投资决策问题、极大极小风险下的跳扩散连续时间资产配置问题以及含金融衍生品的投资组合问题，扩展了经典的静态投资组合选择模型和连续时间的动态资产配置模型，继承和发展了现代投资组合理论，具有重要的理论意义和实际应用价值。本书的创新点主要体现在以下几个方面：

1. 将模糊理论引入投资组合决策分析中，通过集成预测的方法构建模糊投资组合，解决了基于集成预测的均值—方差—熵的模糊投资组合优化问题；针对实际金融市场中存在交易费的现象，研究了摩擦市场下的多阶段资产组合选择的最优化问题；运用极大极小的原则和最小二乘支持向量机预测的方法构造了一类典型的证券投资组合优化模型，借助粒子群优化和神经网络的智能算法得到相应优化问题的最优投资策略，进一步验证了动态调整策略要优于静态持有策略。

2. 假定证券价格遵循伊藤扩散过程，以方差为风险测度，将效益最大化及风险最小化综合起来考虑，采用动态随机规划和 HJB 方程对投资组合问题进行优化求解；基于效用理论讨论了具有随机预算财富约束和极大化期望终止效用的资产组合选择问题，得到了最优投资策略的解析表达式，给出了实际投资过程中大类资产配置的一般方法。

3. 运用贝尔曼最优性原理及 HJB 方程和极大极小原则研究了跳扩散的连续时间资产配置策略，将成交量引入价格运动的随机方程中，借助随机控制和数值逼近的方法得到相应优化问题的最优投资策略。由于随机偏微分方程求解的困难，引入了猜测价值函数形式以及数值逼近的算法，扩展了 HJB 方程的求解方法，获得了最优配置的近似解。

4. 研究了通货膨胀、随机利率和交易成本等因素影响下的连续时间投资组合选择的最优化问题，将利率假定为服从 Vasicek 利率模型的随机过程，应用连续时间的动态均值—方差方法得到符合实际意义的值函数及 HJB 方程，通过光滑化边界的数值逼近方法求解相应的 HJB 方程得到双目标优化的最优投资策略，拓展了两基金分离定理，解释了著名的 Canner 难题，验证了行为金融学的某些思想。

5. 研究了含期权的连续时间投资组合选择的最优化问题，运用贝尔曼最优性原理及 HJB 方程建立了包含欧式看涨期权的证券组合优化模型，应用随机控制和微分方程的差分解法得到相应的最优投资策略和套期保值策略，从一定意义上验证了投资组合的超额收益更多来自风险的补偿。通过遗传神经网络的全局优化算法研究了含股指期货的投资组合套利策略，以跟踪沪深 300 指数的负向误差最小化和超额收益最大化两者的权衡作为目标函数，建立了 Alpha 套利的优化模型，采用二进制和实数值混合编码的遗传神经网络算法对组合的资产配置进行了优化，为寻求更高的 Alpha 收益提供了套利空间。

目　录

第一章 绪 论

1.1 研究背景及研究意义

1.1.1 研究的背景

最优投资组合选择是金融经济领域中的最基本问题之一，这个问题开始于美国经济学家、金融学家 Markowitz 的研究，1952 年 Markowitz 发表了证券组合选择的论文，研究了不确定性经济系统中资产组合的优化配置问题，得出了著名的基金分离定理，标志着现代投资组合理论的开端。最优投资组合选择就是研究在不确定情况下，投资者如何在不同的时间段及不同的经济环境下将资金分配于不同的资产上，以使得收益率最大与风险最小，从而寻求整体风险与收益之间最优均衡关系。对于经济主体或金融活动的主要参与者即投资者来说，其投资决策与风险管理的主要内容就是投资组合选择。因此，现代投资组合选择的模型、方法及理论是现代金融经济学研究的起源和动力之一，奠定了现代投资组合理论乃至整个现代金融理论的基础。

广义的投资组合理论包含资产组合理论、资本资产定价理论、套利定价理论等。Markowitz 均值—方差模型的提出吸引了一大批数学家和经济学家开展这一领域的研究，投资组合理论呈现出史无前例的良好发展态势。Sharp 等人在强市场假设条件下给出了资本资产定价模型（CAPM），为资产收益来源及金融市场收益结构的分析提供了理论依据。资本资产定价理论认为，市场在达到均衡状态时，市场组合是最优风险资产组合也是有效投资组合，理性投资者会持有这些有效投资组合，资本资产定价理论的提出丰富了投资领域的研究且奠定了投资学的基础。资本资产定价模型说明系统性风险是投资组合风险的重要组成部分，常用贝塔系数来评价系统性风险或市场风险的重要性。Ross 突破性地发展了资本资产定价理论，基于多因素模型建立了更为一般的套利定价理论（APT），其假设条件更加接近证券市场的实际。套利定价理论认为市场均衡是投资者无限追逐有限的无风险套利机会而形成的。其假设资产的回报率与一组能够反映市场状况的指数高度相关，该理论比资本资产定价模型的适应条件更为宽松，同时根据无套利思想得出了类似资本资产定价模型一样的结论。证券市场线、资本市场线和证券特征线是对以上理论的生动描述，证券市场线可以表示组合的系统性风险和单个证券的预期回报率之间的最优均衡关系，它主要用来说明投资组合报酬率与系统性风险程度贝塔系数之间的关系；资本市场线则可以表示组合的总风险与有效投资组合的预期收益率之间的均衡关系，它是由风险资产和无风险资产沿着投资组合的有效边界构成的投资组合，组合的总风险用方差或标准差来表示；而证券特征线则是根据各种证券在非均衡关系影响下的实际预期回报率和受市场均衡因素影响的均衡预期收益率进行对比而得出的。这些理论构成了投资组合理论的核心基础，成为投资管理与决策实践的主要方法和重要工具。

贝尔曼在 20 世纪 50 年代推出动态规划的方法极大地促进了动态最优化决策的发展，Merton 使用伊藤随机分析方法和贝尔曼最优性原理开创了连续时间投资组合理论，极大地推动了动态投资组合选择问题的研究进程，开启了系统化、理论化研究连续时间金融方法论的新篇章。他应用随机控制理论，对最优投资决策和消费问题的最优策略进行了研究，给出了封闭解，提出了一般意义下连续时间投资组合理论的分析框架。投资组合理论经历了从静态到动态，从单阶段到多阶段再到连续时间的发展历程，从目前来看，在各类动态投资组合选择方法中，连续时间下的动态投资组合选择在最优解的构造、问题分析和解释的深刻性以及实用性方面占有一定的优势，不仅考虑了市场不完备、有交易摩擦和宏观经济变量诸如通货膨胀等影响资产价格动态变化的不确定性问题，并且基于连续时间意义下的随机动态规划方法可以比较方便地将资产和负债管理结合在一个统一的模型之中，因此具有一定的理论上的优势和重要的现实意义。

经过半个多世纪的发展，有关投资组合选择的研究文献及其理论专著可谓是汗牛充栋，并出现了百家争鸣、百花齐放、欣欣向荣的局面，这不仅丰富和发展了资产组合选择的理论研究，夯实了理论指导实践的基础，加快了理论向实践迈进的步伐，而且催生了诸如行为资产定价理论和进化金融理论等成果。现代投资组合理论的研究引起了众多学者的兴趣，随着研究的不断深入，使得投资组合理论、模型及方法得到了进一步的完善，更加推动和激发了相关研究持续不断地向前发展。这些理论的发展无疑对促进我国经济发展、健全市场机制、稳定市场运行有着十分重要的作用。

1.1.2 研究的意义

金融市场是一个复杂的非线性系统，金融市场与整个国民经济的关系极为密切，可以直接或间接地反映微观经济运行状况和国民经济各部门、企业及宏观经济运行方面的基本情况，各国政府、金融机构、企业、居民及国际金融机构都非常高度关注金融指标的变化，并将其作为主要依据来判断宏观经济形势，金融市场常被看作是国民经济运行的晴雨表。如果整个金融市场发生剧烈动荡就会给实体经济带来巨大的冲击，甚至会严重影响实体经济的运行，导致投资停滞、消费萎缩、经济发展减缓以致出现衰退。在实际的金融市场中，利率、汇率、货币政策、财政政策、金融资产的发行量和交易量、金融资产的价格水平和市场指数均会对投资者的投资行为产生影响，经济政策的变动、风险资产自身的随机性和模糊性、自然灾害等多方面因素常常会导致投资收益的改变，风险在现代经济生活中无所不在、无处不在，人们很难消灭诸如价格风险、通货膨胀风险、利率风险、政治风险等各种各样的风险。所以，利用金融市场和金融手段消除不确定性、对风险进行分散和转移已成为各类经济主体竞相追逐的管理风险的重要工具。早期关于投资组合的均值—方差方法，由于历史条件及数学和计算技术等方面的限制，并不能够用已知的历史数据准确反映资产收益未来的不确定性特征。事实上，不同的经济主体对风险的厌恶程度是不同的，人们往往利用各种金融工具，将风险从风险厌恶程度较高的投资者转移给风险厌恶程度较低的投资者，或者将某个局部的风险转移到别处，从而实现金融风险的再分配，这恰恰导致大量不确定性因素的产生。加之，经济环境变得越来越复杂，投资者交易习惯和组合方式的不同，均会对预期总财富价值产生影响。所以，在生命周期之内，无论是个人、企业还是机构投资者，如何有效防范风险、合理配置资源、消除未来不确定性、提高金融市场的运行效率、实现最优化的投资目标，是各个经济主体时刻面临而又迫切需要解决的关键问题。另外，金融市场是一个非完全有效的复杂动力系统，股票价格与许多不确定因素有关，且各个因素之间的相关关系盘根错节、千变万化。金融市场并非完备，股价波动存在某种内在规律性，其历史走势和相关数据信息蕴含着可用于预测未来走势的信息，甚至在当前股价中，潜含了投资者对未来趋势的理解。资产组合里预测变量的可靠性能够很大程度降低参数不确定性对资产组合选择的影响，从而增强资产组合鲁棒性。所以，将预测科学和模糊理论引入投资组合决策分析中，不仅丰富了投资组合选择的理论研究，而且增强了决策的科学性，有助于将理论研究逐步推向实践。因此，在这些情况下，对资产配置策略的研究及投资组合理论进一步的发展，具有重要的理论意义和现实意义。

第一，由于金融市场的复杂性、信息的缺失和资产收益及风险的不确定性以及经济现象本身的复杂性和人的思维判断边界不分明的模糊特性，投资者很难对未来的市场表现进行准确判断。在现实的金融市场中，投资者对投资风险和收益水平的主观意愿、市场的时变特征以及变化的随机性、模糊性，都会对其投资绩效产生深远的影响。因此，非常有必要将传统的基于随机特性的静态投资组合优化模型拓展到动态的、随时间和空间变化的、顺应市场的最优投资组合策略。同时，经济的全球化、贸易的自由化，使得各国汇率逐渐放开，各国经济相关性逐渐增大，通货膨胀和通货紧缩对各国的经济发展和社会安定起到了越来越重要的作用。如何构造一个多期连续投资、如何应对这些不确定性所带来的风险，越来越引起人们的注意。因此，把这些传统静态投资组合模型向多期动态特别是连续时间的投资组合理论拓展成为当务之急。基于动态规划、随机规划等方法，探索带偿付和避免破产的多阶段规划、多层规划的状态空间递推的决策模型，加强对基于资产收益非线性连续时间的动态投资组合选择问题的研究仍是一个值得努力的方向。

第二，传统的投资组合理论一直是围绕如何平衡财富和风险的效用以保证总效用的最大化来构建最优投资组合，然而，由于投资者的异质性和对风险收益的态度不同，传统的效用函数不能够准确描述投资者的价值取向，实际的金融市场中，由于效用函数的具体形式及参数经济含义不明确，投资者很难判断未来的经济金融环境以及资本市场的走势。因此，构建一个不依赖于效用函数描述的组合投资机会和模糊价值型的动态组合模型是组合策略研究必须解决的问题。

第三，市场中的参与者并不是完全理性的，投资者的异质信念、不同的交易方式、不同的个性以及对预期收益的满意程度不同导致对未来资产收益的不一致估计和对未来市场发展状况产生不同的理解，投资者既厌恶风险又追逐高风险的高利润，投资者不再将资产组合看成有效市场下投资前沿上的切点组合，而是投资于具有行为金融学概念的金字塔形层状结构的资产组合，投资者容易因为情感因素的影响而设置多个不同风险收益配比的心理账户，因此会产生投资者自己特有的非线性有效边界，由此可以得出与现代金融理论认为所有投资者的有效边界是一致的等不一致的结论。针对不同的投资者，该如何去选择组合策略，这是亟须解决的问题。

第四，经典的投资组合理论假设市场是完备的、无摩擦的。然而，交易费的存在和交易成本的不同表现形式，经常会对资产配置的最优策略产生不同程度的影响从而导致非有效投资组合的产生。现实金融环境中的投资策略只有不断地调整投资组合的资产配比才能顺应市场的发展，投资者的决策应该是动态多期的而不是一成不变的，应该随着投资环境的变化和市场预期的改变连续合理地调整组合头寸才能保持最大化收益和最小化风险。因此，如何在交易和冲击等成本存在的条件下进行投资，以期获得最优的投资绩效必然成为研究的重点。

第五，现代市场经济中，收益与风险并存是金融资产的基本特征，风险管理已成为金融机构日常管理的重要一部分。传统的风险管理方法依据证券组合理论着重风险的分散性，但这只能降低非系统性风险，对市场的系统性风险则无能为力。与此不同，金融衍生市场使金融机构能运用各类金融衍生工具通过套期保值和对冲机制来实现风险规避、分割、转移和再分配，增加市场的平衡制约力量，降低市场的波动幅度，从而为金融机构提供高效的避险工具和管理金融风险的有力手段。因此，开发包含金融衍生工具尤其是含期权和股指期货的连续时间投资组合模型显得尤为必要，这些模型不仅提高了风险管理的有效性，能够对金融衍生工具的交易、稳定市场预期、风险管理等实践活动起到重要的指导作用，而且对促进我国经济发展，保持市场稳健运行，特别是金融市场的稳定发展有着十分重要的意义。

第六，资产价格的历史信息并不能必然预测资产价格未来的特征，资产价格的变化受未来诸多不确定性因素诸如利率、汇率等因素变动的影响，宏观经济和政策出现重大变动时，资产价格往往会产生更大的波动甚至会引发资产价格的跳跃，表现出不确定或异常现象。此外，金融市场除了受其本身的金融风险影响，还受到来自金融市场之外背景下风险的影响，这些风险直接影响资产价格，间接影响总财富量的价值。事实上，利率、汇率等金融市场上最重要的价格变量的变化有可能给金融机构带来重大损失，国际金融市场利率、汇率变动频繁，直接影响金融机构的资产及负债的市场价值，其波动性直接影响着资产价格、资产动态的管理和投资组合策略的选择，从而进一步影响到投资者的决策行为和投资组合的优化策略。在现实中，通货膨胀也是与金融市场中资产价格密切相关的重要变量之一，通货膨胀会直接或间接地影响资本市场收益，会使价格失去进行资源配置的信号作用，常常会造成资产价格的重估从而引发财富的重新分配。另外，通胀本身剧烈的上下波动，还会增加生活中的不确定性，尤其在无法对未来的通胀有可靠预期的情况下，会进一步影响居民的储蓄计划和企业长期商业合同的签订，甚至直接影响社会生产效率及生产力，从而最终导致投资损失。所以，理性的投资决策应该综合考虑投资报酬与风险、通货膨胀所带来的贬值损失以及利率变动造成的影响。因此，考虑不完备市场，将静态模型向动态模型拓展，研究动态投资组合选择问题，进一步开展连续时间的带有主观预期收益和风险偏好的动态投资组合选择问题的研究既有必要性又有现实性。本书在对静态模糊投资组合、摩擦市场下动态多阶段的投资组合模型进行有针对性的拓展后，重点研究动态连续时间的不确定性投资决策问题，考虑引入交易费用和成交量的特定效用函数以及均值—方差型的连续时间最优投资组合问题，考虑利率风险和通货膨胀的长期投资问题、资产价格或经济因素有跳跃情况的资产管理问题，这些研究毫无例外应用了更为精密和复杂的数学工具。本书主要的目的是进一步研究和发展投资组合选择理论，促进以现代投资组合方法为背景的量化投资模型来指导投资实践，实现社会各种有限不同资源的有效配置，发挥证券和资本市场在社会经济发展中的功能，提高资产组合收益水平，增强风险规避和防范能力，为我国经济发展中所面临的各种异质性混合资产组合管理，给出一些更为合理的配置策略以及一些有益的建议。

1.2 相关文献研究综述

1.2.1 投资组合的静态模型

Markowitz 均值—方差模型标志着以前未有的证券组合理论的诞生，在风险的定量描述和证券组合选择理论方面扎实地迈进了一步，投资组合理论中证券好坏的评价采用预期收益率和收益率方差两项指标。投资者的理性行为应在给定风险条件下寻求最大期望收益或在一定期望收益条件下使风险最小。后来一些研究者拓展了风险测度的方法，对风险的度量法不断进行改进，相继发明了收益率的平均绝对偏差、差异系数以及半方差、模糊数和收益率倒数损失等作为风险的测度，同时对收益率的度量也做了改进即最大化期望收益率、最大化几何平均收益率、最大化单位风险收益、安全第一准则等。证券组合选择理论取得了丰硕的成果，具有历史性的意义。

Markowitz 假设市场是完全市场化的，建立了投资组合的有效前沿，奠定了现代投资组合理论的基础。然而，在现实条件下市场并不是完备的，在实际市场交易中，交易成本是一个无法回避的问题，没有交易成本的投资将导致证券市场的剧烈波动，市场的无序会对投资者的决策行为产生直接的影响。显然，用经典投资组合理论来指导现实投资是不完全合理的，研究人员后来经过一系列改进，加入了一些现实市场中的不完备的摩擦因素，使模型更加具有实用性。如果市场不是非常有效和存在摩擦，就会导致交易成本的存在和投资行为的改变。关于市场摩擦的投资组合问题，Davis（1992）等人做了进一步研究，在非完备的市场环境下，他们分析了投资者的交易行为、证券流动性与市场摩擦以及交易成本的问题，发现在接近区间的边界时作最小交易是合理的；Puska（1995）也研究了摩擦市场下带有固定交易成本的最优组合管理问题，尽管他们在模型中采用模拟交易成本而非真实的交易成本，但是他们的方法在解决实际的资产组合配置问题时具有很强的指导作用。

由于各种不确定性因素都会对金融市场产生影响，资产的收益率通常不可能被准确地预估，历史数据并不是总能精确地反映未来证券市场发展的状况，基于均值—方差分析的投资组合理论在描述资产收益的未来特征的不确定性方面受到严重挑战，证券市场的变幻莫测经常会改变投资者的信念和对未来市场的主观预期。基于此，众多研究者通过随机理论和模糊集理论来解决投资组合的优化问题。Fuller 和 Majlender（2003）对组合涉及的相关变量进行了严格定义并提出了模糊数的加权可能性均值概念；Nie（2003）分析了模糊数的可能性方差和协方差，在资产收益不确定的情况下，通过一系列数学手段的处理将投资组合优化问题的求解转化为一个带模糊决策的线性规划问题，得到最优投资组合显示为带状分布的有效前沿。不难看出，模糊集理论是处理非线性和非随机不确定性的有力工具，且在描述人的认知、行为与知识的模糊性和不确定性方面具有显著的优势，甚至成为金融经济学特别是行为金融学研究的潜在有效方法。此外，以经济指标为基准的跟踪策略和以信息论中的熵为风险度量的方法以及不对称信息、流动性限制和交易成本等因素也被引入静态资产组合模型中，这些不但丰富了投资组合选择的理论研究，还有助于将理论研究逐步推向实践。

1.2.2 动态投资组合模型

早期大多数投资组合模型都是建立在概率论基础上，在离散时间条件下研究各种单期或多期资产优化问题，然而，有许多随机的不确定性因素在影响着市场，投资者的资产配置策略时常受到严重干扰，一大批金融经济学家不得不将单阶段的静态组合模型推广到多期，形成随时间变化的多阶段连续时间模型，并将影响经济周期和市场波动的诸多影响因子引入证券组合选择模型，使之更加贴近实际情况。在现实证券市场中，证券收益具有非常强的时变特性，单期的投资组合模型不能充分适应市场的变化，投资者的投资行为和决策方法也必须能够因势而变、顺势而为。随着控制理论、对策论、数据挖掘等智能优化方法的发展和应用，研究者通过随机控制和动态规划工具，逐步建立了一系列多阶段的随机规划和连续时间模型，考虑了交易成本和不同时期的现金流及资产价格的运动状态，使得连续时间下的动态投资组合优化和多期资产的动态配置均衡成为可能。所有这些模型和研究在一定程度上丰富和发展了现代资产组合选择的方法，组合理论的应用价值得到了更大的提高。

投资组合研究主要围绕市场的不确定性建立合理的风险收益均衡模型并提出有效解决问题的算法，随着现代数学理论和新算法的不断出现，投资组合的理论、模型和方法得到前所未有的发展，Black 和 Scholes 发表了著名的期权定价公式，用几何布朗运动来描述资产价格的运动状态，进一步加快了金融市场资本资产定价理论的发展。Merton 丰富和拓展了上述理论，在连续时间下用多随机因素模型描述资产价格动态过程，依靠随机控制方法分析投资者在不确定环境下如何连续地做出最优资产组合决策使其终身总期望效用最大，给出了最优动态资产组合选择的条件，为后续的研究奠定了坚实的理论基础，形成了分析和解决该类问题的基本框架，揭开了连续时间金融的新序幕。毋庸置疑，连续时间的投资组合模型相比于相应的离散交易模型得到的方程，具有在实际工作环境方面的可操作性，通常能够提供更多显著刻画资产价格运动的特征，产生更符合逻辑的经验假设的和更准确的理论解，在形式上更简单，理论上也更优美。随着证券市场和投资基金的资产规模的迅猛扩张，连续时间的投资组合优化方法已越来越受到高度的重视，在国际金融市场中扮演着越来越重要的角色。

（1）基于效用函数模型的投资组合选择

迄今为止，动态资产组合选择的理论常常以期望效用函数理论为基础的效用函数方法为主流。期望效用函数按描述不确定性的概率分布取期望值可对各种可能出现的结果计算效用函数值。具有完备性、自返性、传递性、连续性和独立性等良好性质，经济主体可通过效用函数模型在不确定的经济环境中以及资产价格的可变约束下，确定自己的最优投资决策使其生存期内财富效用的期望值最大，建立在效用函数模型基础上的投资组合优化问题的研究是资产定价研究领域的最根本方法，也是研究投资组合问题的基本范式。

Barberis（2000）利用动态跟踪、模拟路径，Dammon and Zhang（2001）采用似然估计和二项分离等方法估计价值函数，然后运用后向递推的动态规划方法解决了动态资产组合的优化问题。Sangvinatsos and Wachter（2005）从机构投资者的长期期望效用极大化和随机因素影响极小化的角度出发，假设随机利息率服从均值回复的时变过程，研究动态资产组合选择问题并解释了资产配置之谜。

把预测关系、递推决策规则引入投资组合模型是构建组合反映未来预期变化而考虑的重要因素，Brandit et al.（2005）在考虑预测关系不确定和预测变量值非正态分布的情况下，通过建立多阶向量自回归的预测关系模型，提出了一种基于路径模拟的方法解决多随机因素的动态资产组合选择问题，给出了不同投资期下风险资产配置的数值解。Pellerey and Semeraro（2005）重点讨论了序列相关性下投资者基于终期财富期望效用最大化时最优解的必要和充分条件及风险厌恶程度与对冲策略的非线性相关关系，可预测性与投资者对资产组合的对冲需求和投资期的关系极为密切。Gomes（2005）研究了有效控制风险下的资产组合选择与成交量、交易金额之间的关系，风险资产的需求函数是成交量和交易金额的非连续和非单调函数，在市场均衡模型中，得到成交量和资产收益波动率之间存在互相影响的关系且相关关系为正。Massa（2006）分析了资本收入、非资本收入与动态资产组合选择的关系，阐释了投资者利用金融资产对非资本收入的对冲程度与投资者对金融资产的熟悉度之间的关系。Barberis（2008）利用向量自回归的预测过程对资产收益进行外推，在离散时间的条件下，通过状态分离和条件贝叶斯分析方法，运用动态规划研究了预测模型中参数和预测变量当前值的不确定性对动态资产组合选择的影响并提出了改进策略。Harrison and Kreps（2010）假设投资者相互之间信息不同，研究了他们的资产组合配置问题，发现形式表现的显著差异性，突出了信息差异与资产组合选择的关系。

（2）均值—方差型投资组合优化模型

Markowitz 最早依靠定量化的方法提出了投资组合的均值—方差方法，独辟了风险管理的蹊径，但其工作依然局限于静态均值—方差模型，主要考虑了单时期模型的静态解析结构和其有效前沿，对从事长期投资活动的经济主体来说往往显现出明显不足。投资组合选择需要在不确定条件下根据不同的市场环境动态改变资产配置策略，仅局限于单阶段资产组合选择问题，不考虑投资期间投资组合的调整问题，这显然与实际的投资行为不吻合。而在实际的投资环境中，资产的收益分布往往也随阶段不同而变化。因此，把静态投资组合模型运用于连续时间下的金融优化是必然选择。同时，由于投资者的异质性及对市场预期的不同评估，其效用函数很难用统一的形式确定下来，对风险收益的刻画没有均值—方差表现得更直接和明晰，基于均值—方差的连续时间分析方法正好可以有效弥补效用函数在这方面的缺陷，恰好能够充分用于动态多期的长期投资决策中。这里连续时间的均值—方差模型假定股票价格变动服从几何布朗运动，金融资产的价格过程是关于时间的连续过程。

我国学者在随机环境的均值—方差投资组合模型方面的研究处于国际领先地位，Li and Ng（2000）用嵌入的方法将其变为一个能用动态规划处理的问题首先取得了实质性的突破，解决了多阶段均值—方差资产组合选择问题且得到了有效前沿的解析表达式。Lim and Zhou（2002）、Zhou and Yin（2003）利用动态规划和逐步向前递推的随机控制方法，分别研究了带有体制转换、时变投资机会集、卖空限制下的动态资产组合选择问题，得到了有效策略簇的投资前沿；Bielecki et al.（2003）采用两次分阶段优化方法先解决关于终端财富的静态优化问题得到最优的终端财富，然后运用动态、后推的随机控制方法，通过复制这个终端财富得到所求的均值—方差有效策略前沿；Papakokkinon（2005）将 VaR 和 CVaR 模型推广到多阶段情形，对此意义下的动态消费和资产组合选择问题进行理论研究并获得了条件风险约束下的投资组合最优策略。

经典理论一般都假定证券无限可分，不考虑无摩擦，市场可以达到均衡条件，然而，在真实的金融市场中，证券的买入卖出不可避免产生交易成本，这就导致了经典投资组合理论在实际应用过程中的失灵，如何在交易成本和负债存在的条件下进行投资以期获得最大的收益则必然成为研究问题的重点。Deelstra（2001）考虑了有保费来源和在整个投资期有确定性收入和保费约束情况下的养老金计划的最优投资组合策略；Haberman，Vigna（2001）分析了不随时间变化的连续时间状态下有固定缴费比例的投资组合优化问题；Franke、Peterson，Stapleton 对长期投资过程中存在工资收入的投资组合问题进行了研究，得出了与实际情况比较吻合的结论。在现代金融市场中，突发事件的影响越来越明显，金融资产价格在受到宏观经济重大变化或资本市场经历大的外来冲击时往往会发生大的跳跃。Liu、Longstaff、Pan（2002）对资产价格受冲击情况下的不完备市场带跳的投资组合优化模型进行了研究，假定金融资产价格服从带有随机跳跃的布朗运动过程，对资产价格和波动性均隐含了跳跃过程的投资策略进行了研究，扩展了默顿研究成果。

（3）基于均值方差时变的连续时间投资组合

经济或金融时间序列存在着普遍的时变性和波动性现象，它们是描述金融市场的核心因素和重要变量。目前，研究金融衍生物的资产收益的线性时变模型主要是基于随机过程模型的基础，结合金融数据具有明显的尖峰和厚尾的特性发展起来的。Cox and Ross（1976）提出 CEV 模型，认为收益的波动除了受资产价格的影响之外，其收益的波动相对于资产价格表现为弹性不变的不敏感性，CEV 模型的优点是解决了收益分布非正态的假设和体现了波动微笑特征；Ingersoll（1985）基于资产价格的统计特性和均值回复的特性，提出了 CIR 模型，用广义均衡资产定价模型分析长期利率的期限结构，发现和捕获了资产价格的长期运行趋势。在 BS 模型中，资产收益的均值和方差皆为常数，与现实情况不符。Hull and White（1987）刻画了尖峰与厚尾特征，并体现了收益分布的非正态性与非对称性，提出随机波动（SV）模型且在 SVJ 模型中加入合意的跳跃参数解决了波动微笑问题；Eraker（2004）还提出了在特定随机环境下相关跳跃的状态非独立的随机波动模型，除了满足 SVCJ 模型的条件外，还满足跳跃频率依赖于波动的条件并阐述了实际应用背景。

在非线性均值方差时变连续时间模型方面，主要代表性的模型是抛物线类扩散模型。Rydberg（1999）拓展了前人的研究成果，基于 BS 模型的假设，考察了资产价格变化和信息不对称的影响及资产价格的对数近似服从不相关的非独立增量过程，利用扩散系数捕捉不含确定趋势的价格对数的波动部分，构造了基于抛物线分布函数形式的非线性连续时间的投资组合模型。由于资产价格的运动状态不仅仅存在一个扩散过程，受外界重大事件或突如其来信息的影响，往往会发生价格突变甚至产生多次跳跃行为。Cont and Tankov（2004）将突变和跳跃行为引入抛物线扩散模型得到抛物线跳跃扩散模型。其计算和推导比较复杂，这里不再赘述。

1.2.3 国内研究综述

近年来有大量关于投资组合优化的研究文献，国内已经在这一领域开展了许多有意义的尝试，投资组合优化模型的研究有了相当的进展，取得了一系列丰富的研究成果。

自从 Merton（1969，1971，1973）、Samuelson（1969）、Fama（1970）开启了资产组合选择问题研究的先河，我国在研究动态资产配置或投资组合方面取得了许多可喜的成果，朱书尚建立了基于不同情景环境递推的线性规划方法解决投资组合问题；刘金山、李楚林和胡适耕（2003）通过设定特定的资产价格遵循随机波动的扩散过程，获得了最优风险资产需求的解析表达式和资产组合最优选择的封闭解；刘宣会和胡奇英（2003）通过建立随机微分对策模型得到基于对数效用函数的最优资产组合策略；李仲飞、汪寿阳（2004）研究了不确定性环境下和非完备摩擦市场中当金融资产和自然状态个数为有限个以及摩擦局限于成比例的交易费时的最优消费—投资组合选择问题，给出了原始市场无套利性刻画的最优投资组合策略的充分和必要条件及其应用背景；彭大衡（2004）经过推导得出投资的计划期与投资者持有的风险资产比例正相关的结论；陆宝群、周雯（2004）构建了基于弹性是投资组合的决策变量的随机过程框架下的最优投资组合问题并提出了求解最优投资组合问题的分阶段方法；钱晓松（2005）分析了在卖空限制的条件下无风险债券和一种风险股票构成且具有成比例的交易费且含跳扩散的最优投资消费问题，得到了该问题的值函数和相应 HJB 方程的黏性解；朱微亮（2007）由于经济环境变化分析了基于突发事件和参数不确定性的动态资产组合选择的问题，得到了效用函数模型下的最优组合的投资策略和资产组合配置的具体比例。

运用随机分析方法进行动态资产配置的相关研究越来越多，初云浩和叶俊（2003）用半鞅的方法构造了组合的权重关系式以及满足条件限制的期望控制关系；刘坤会和杨瑞成（2005）利用最优化原理建立了含跳跃过程的投资组合模型，导出了最大消费效用期望值和最优消费及策略满足的方程组；郭文旌应用随机最优控制方法推导了组合中嵌入期权的最优投资和套期保值策略，讨论和验证投资组合优化的相关问题；万树平（2006）建立了股票价格的跳跃复合过程的最大化终期财富的模型，表明了最优策略的充分和必要条件，证明了通货膨胀及利率因素会较显著地改变资产组合的选择，对资产的配置将会随时间的变动而发生变化，并对该模型中的变量特别是利率等重要经济变量的经济含义进行了理论分析和实例分析。

近年来，老龄化的趋势对政府和社会提出了严峻的挑战，多数老年人只能通过年轻时的储蓄、家庭的转移支付或者政府提供的社会保险来取得资金来源，而不能通过当前的经济产出来满足老年后的生活支出。在全球范围内老龄化步伐加快，现行养老保障体系面临人口老龄化、供求矛盾、保障体系不完全、运行效率不高等突出问题。因此，保险问题越来越成为人们关注的一个课题，保险金作为机构投资者，与金融市场、居民储蓄率、国民经济有着密切的关系，保险基金管理可以看成是一个相当长时期内的最优资产配置问题。保险金的有效运营，可以降低储蓄率，加大居民边际消费倾向，拉动有效需求，维护社会稳定，促进经济发展，增进国民福利。同时，对壮大证券市场的投资规模、促进资本市场的健康发展起到一定的积极作用。郭文旌（2005）研究了保险公司的连续时间投资组合模型，在投资期内，保险公司一方面有保费收入，另一方面也承担可能发生的索赔，建立了在实现预定收益水准的条件下，使得整个公司面对的风险最小的资产组合保险策略。郭文旌同样用嵌入法和随机控制的方法得到保险公司投资组合的最优投资策略的显式表达式和有效边界的解析形式。

1.3 本书的研究内容和结构安排

1.3.1 主要研究内容

本书根据现代投资组合理论从静态到动态、单阶段到多阶段再到连续时间的动态投资组合的发展脉络，针对性地研究了静态模糊投资组合、摩擦市场下的动态多阶段投资组合和含金融衍生品的投资组合最优决策问题，然后在连续时间金融的框架下，重点对投资组合的最优配置策略进行了深入、详尽的研究。各章内容安排如下：第一章，绪论。主要介绍了该领域的研究背景和研究意义，对本书的研究内容进行总结，并归纳出本书的创新点。其次是国内外相关研究综述。本书按照静态投资组合选择、动态投资组合选择和资产收益连续时间模型的脉络给出详尽的文献综述，本章重点放在连续时间的动态资产组合选择和资产收益连续时间模型方面，主要对连续时间金融的投资组合最优决策问题进行深入阐释。第二章，基于集成预测的模糊投资组合选择。本章考虑到金融市场的可预测性及其不确定性兼具随机性和模糊性的重要特征，通过基于集成预测的方法构建模糊投资组合，选择了具有代表性的遗传神经网络模型、多因素 SVM 回归模型和 ARIMA 时间序列模型作为组合预测中的单一模型，并将单一模型预测结果作为模糊变量进行投资组合优化，采用基于遗传神经网络的算法加快了神经网络的收敛速度，提高了最优解的优化精度，同时基于粒子群优化的支持向量机通过不断更新粒子的速度和位置来训练参数组合进一步提高了 SVM 的统计学习能力。本章将模糊理论引入投资组合决策分析中，解决了基于集成预测的均值—方差—熵型的模糊投资组合优化问题。第三章，摩擦市场下的多阶段动态资产组合配置策略。实际的金融市场中存在交易费，忽视交易费可能导致非有效的投资组合，交易费用的存在使得最优投资消费策略问题变得非常复杂。现实的投资环境中特别是机构投资者的投资行为往往是动态多期的，本章研究了多阶段资产组合选择的最优化问题，运用极大极小的原则和最小二乘支持向量机预测的方法构造了一类典型的证券投资组合优化模型，并将交易费引入极大极小模型中，由于交易费用的存在，问题的解析解和参数的求取将变得非常困难，借助粒子群优化和神经网络的智能算法得到相应优化问题的最优投资策略，进一步验证了动态调整策略要优于静态持有策略。第四章，随机环境下的连续时间最优资产组合选择。本章首先阐述了连续时间的金融经济及数学基础，给出了单目标和多目标的连续时间金融的一般分析框架。本章假定证券价格遵循伊藤扩散过程，即其预期收益和方差为外生状态变量的随机函数，以方差为风险测度，对投资消费财富最大化及风险最小化同时进行考虑的交易策略进行研究，在幂效用函数的假设条件下，讨论了具有随机预算财富约束和极大化期望终止效用的资产组合选择问题。在对资本市场、投资者偏好结构和投资决策过程做特定假设下，基于风险资产价格实际表现出来的时变特征，揭示和解释了动态资产组合决策过程的规律，用随机控制的方法构建了投资组合，得到了资产组合选择最优投资策略的解析表达式，其研究方法对解决实际投资过程中遇到的问题尤其是大类资产配置具有一定的参考价值和启发性。第五章，极大极小风险下的跳扩散连续时间资产配置策略。一般维纳过程可以模拟出连续时间下金融资产价格的运动状态，股票价格的连续变动和突然变动两部分基本上描述了股票价格波动的特征，本章运用贝尔曼最优性原理及 HJB 方程和极大极小的原则构造了一类典型的证券投资组合优化模型，将成交量引入价格运动的随机方程中，借助随机控制和数值逼近的方法得到相应优化问题的最优投资策略，并对资产组合的配置方案进行了对比分析，实证分析表明基于连续时间的动态投资组合相比其他组合收益率更高，相对风险更低，超额收益的获取能力也比较强，为机构投资者和对冲基金提供了有实用价值的高效投资工具。第六章，含期权的连续时间投资组合最优策略。本章从无套利定理和风险中性的基本假设出发，运用贝尔曼最优性原理及 HJB 方程研究了含欧式看涨期权的连续时间投资组合选择的最优化问题，应用随机控制和微分方程的有限差分解法得到相应优化问题的最优投资策略和套期保值策略，并对两种策略的投资绩效进行了对比分析。第七章，随机利率和通货膨胀下的最优组合选择。本章将利率假定为服从 Vasicek 利率模型的随机过程，应用随机控制的动态均值—方差方法获得最大化收益和最小化风险意义下的 HJB 方程，通过改进的数值逼近方法求解双目标优化问题的最优投资策略，并用实证的方法与国内证券市场上同类型资产配置优质基金的最优投资策略进行了对比研究，研究表明引入通货膨胀和交易成本的模型更能说明实际问题，更加符合现实的投资环境，能够比较科学客观地解决实实在在的投资问题。实证分析不仅弥补了现有研究中没考虑通货膨胀和长期利率对资产配置问题的影响所存在的缺陷，而且指出了金融专家的投资建议和两基金分离定理之间存在的差异和区别，解释了著名的 Canner 难题。第八章，含股指期货的投资组合套利策略研究。投资组合的风险管理只能降低和消除资产价格的非系统性风险，而不能消除系统性风险，金融衍生品的出现为有效降低市场的系统性风险带来了风险管理的新思路，随着机构投资者持有金融资产数量的不断增多，其规避系统性风险的要求也越来越强烈，股指期货的产生无疑减轻了由于资产价格经常剧烈波动给投资者带来的巨大风险，如何利用股指期货的对冲机制和价格发现功能来确定合理有效的投资策略规避系统风险是摆在投资者面前一个严峻而现实的问题，随着股指期货的推出，其特有的卖空机制为资产管理者提供了一种管理市场风险的重要工具，利用它可以有效地管理证券市场的系统性风险。本章通过基于遗传神经网络的全局优化算法构建现货投资组合，研究了在确定最优对冲比率的情况下获得 Alpha 收益的套利策略，以跟踪沪深 300 指数的负向误差最小化和超额收益最大化两者的权衡作为目标函数，建立了 Alpha 套利的优化模型，采用二进制和实数值混合编码的遗传神经网络算法对组合的资产配置进行了优化。该算法引入了退火算子生成后代使得遗传搜索空间的群体多样性更好，加快了遗传算法的收敛速度，提高了最优解的优化精度，完善并发展了投资组合的构建方法，提高了研究成果对实践的指导意义。实证分析表明，A 股市场收益具有非常强的时变特性，其价格变动还存在波动积聚的尖峰厚尾现象，为寻求更高 Alpha 收益的套利空间创造了很好的盈利机会，给进行高效资产配置的投资者和对冲基金提供了实实在在的有益帮助。

1.3.2 结构安排

Markowitz 的投资组合理论、Sharpe 等的 CAPM 和 Ross 的 APT 等资产组合理论，代表了现代投资组合理论研究的早期成就，存在着各种不能克服的缺陷。在现实生活中，由于大量不确定性因素的存在和金融市场的非完备性，投资者的异质性以及交易方式、组合方式的不同均会对证券价格、预期总财富和投资组合产生很大的影响。本书结合实际的投资约束和市场环境，将集成预测的方法和模糊决策理论引入投资组合中，采用随机最优控制技术对连续时间的多阶段投资组合问题、摩擦市场的动态投资问题、随机利率和通货膨胀问题、含股指期货和期权等金融衍生品的资产配置问题进行深入研究并分析其实际的投资价值，旨在为投资者提供决策依据和智力支持。本书最后对研究内容进行了全面总结，并针对未来的研究思路做出展望，全文共分八部分阐述。本书的基本研究框架如图 1 所示，包括研究的逻辑思路、研究方法和对应篇章。

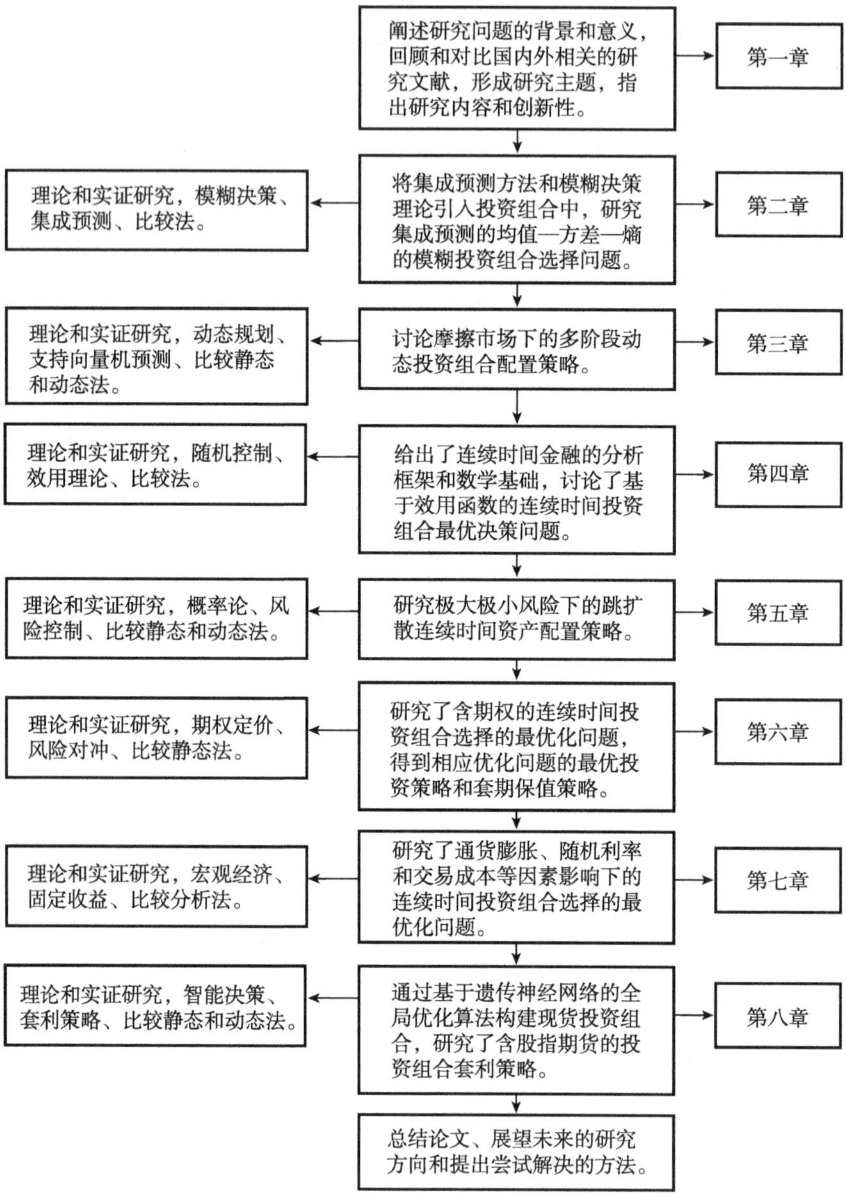

图 1　研究框架

1.4 研究思路和方法

本书主要采用理论研究与实证研究相结合的方法，在结果分析上主要采用了比较静态法，适当采用了比较动态法。理论研究的总体思路在采用模糊决策理论、典型的集成预测方法以及智能算法的基础上，遵循资产收益过程特征，用连续时间资产收益模型描述价格动态趋势，将所要研究的问题以适当变量的形式引入模型，在期望效用和均值—方差模型的框架下，运用随机控制、贝尔曼最优性原理及 HJB 方程解决动态资产组合最优决策问题，并进行定性和定量分析。实证研究是以上证综合指数、沪深 300 指数及其成分股的连续复合月收益率的研究样本为主，主要运用时间序列法和神经网络以及支持向量机等方法描述参数未来分布和估计模型中的参数值，给出量化结果，验证并形成相关结论。具体的研究思路和方法如下：（1）文献及数据资料的收集、处理和分析：包括国内外相关研究文献的收集和吸收，了解目前的研究前沿、已取得的研究成果、学习所用的研究方法，并分析现有研究所存在的不足，寻找可能的突破点，提出本书的研究问题。（2）不失一般性意义，采用比较分析法及理论和实证相结合的形式形成便于问题研究的模型假设。（3）鉴于资产收益未来过程的可预测性、跳跃性和不确定性特征，将预测理论引入投资组合的模型构建中，根据投资决策过程的特点，运用历史数据估计投资机会集的参数并考虑估计风险问题，提出在动态资产组合选择过程中充分采用动态集成预测方法来获得最优参数估计，运用随机控制和数值逼近方法获得基于终期财富期望效用最大的动态资产组合选择的数值解；检验实证结果并与经典的有代表性的其他投资组合方法对比，获得相关结论。（4）鉴于连续时间下随机控制优化问题求解困难的情况，特别是涉及隐含众多复杂的约束关系时，求解它们的闭合解和解析表达式往往难以实现，传统的数学物理方法只有对于具有良好函数性质的典型随机控制方程才能得到解析解，对于含非凹非凸约束及卖空限制下的 HJB 方程和非典型均值—方差投资组合选择问题几乎不可能有闭合解，经典的偏微分算法和传统的 Riccati 方程多少显得有些捉襟见肘和力不从心，难以方便地解决实际问题。本书用光滑化不规则边界的插值算法和基于最小二乘思想的多重网格近似数值逼近算法来求解最优投资策略，将一般的 HJB 方程转化成目标显含格点化值函数的标准最优化问题，通过求解含约束的最优化问题得到原问题的解，拓展了该类型问题的有效解法。

1.5 主要创新点

本书充分考虑了金融市场的不确定性、投资者的异质信念和决策的模糊性，基于资产收益连续时间模型，结合证券市场和投资者决策过程的特征，选择具有现实针对性较强的研究问题，研究内容上力求深入，研究方法上力求严谨，主要结论由严格的模型推导所得，并能接受实证检验的支持。本书的主要创新之处在于：

(1) 将遗传神经网络、支持向量机等智能化算法和模糊理论有效结合在一起，通过对模糊熵的最小化以及模糊约束去弹性化的处理得到了问题的最优解，有效解决了在不确定性环境下的投资组合问题。在算法上采用集成预测方法克服了单一预测算法的缺点并通过熵值法优化组合预测的权重，通过先分解后集成的思想，形成对复杂系统总体的分析与建模，从而达到分析复杂系统的目的。本书并没有简单假设投资者是完全理性的，而是利用模糊理论形象地刻画投资者的决策行为并将模糊理论引入投资组合，针对不确定市场来达到最优化的投资目的。

(2) 将神经网络、粒子群优化、支持向量机等智能化算法和预测理论有效结合在一起，通过极大极小原则得到了问题的最优解，采用粒子群优化和神经网络的混合智能算法解决非凹非凸的非线性优化问题，有效解决了在不确定性环境下的投资组合问题，提出了解决非线性约束的动态规划问题的有效途径。

(3) 将极大极小风险约束引入连续时间投资组合模型中，充分体现了投资过程中风险控制的动态抑制作用，借助随机控制和多重网格化的数值逼近方法得到相应优化问题的最优投资策略。将成交量看作内生变量引入价格运动的随机方程中，更客观地刻画金融市场价量关系的特性，从而将成交量问题与资产组合问题紧密地结合起来，进一步研究金融市场非线性的复杂演化过程。针对实际资产价格的变动存在波动积聚现象，即所谓的尖峰厚尾现象，采用基于神经网络非线性预测的方法进行时变参数的估计，比线性方法更有效。引入了泊松过程，建立了一个随机环境下含跳跃过程的投资组合问题的分析框架，通过猜测价值函数形式和数值逼近方法，对价值函数进行求解，获得了最优配置的数值近似解。

（4）突破效用函数的分析方法，利用嵌入法通过引入辅助问题解决了连续时间的动态均值—方差的投资组合问题，运用数值逼近法得到了含约束HJB方程的数值解。对以通货膨胀为背景风险和长、短期利率为主要影响因素的资产配置问题进行了研究得出最优的资产配置方案并对该方案的经济含义进行理论分析和实例分析。针对理财专家的投资建议和两基金分离定理之间的差异给出了合理的解释，对不同风险厌恶水平的长期投资者给出了一些投资建议。

（5）对含股指期货和期权等金融衍生品的最优化投资组合决策问题建模并进行求解，给出了运用各类金融衍生工具通过套期保值和对冲机制来实现风险规避和转移的基本方法，为金融机构提供了低成本的有效管理金融风险的手段，对于完善市场功能，改善市场结构，健全金融市场内在稳定机制和风险对冲机制，具有十分重要的意义。

第二章　基于集成预测的模糊投资组合选择

Markowitz 最早提出了关于投资组合的均值—方差方法，由于用已知的历史数据推演未来证券市场的发展，无法准确描述资产收益的未来特征的不确定性，也不能考虑投资者的信念和对未来市场主观预期，变幻莫测的金融市场上的资产价格等信息常常是模糊的。由于以概率论方法来处理投资中的不确定性容易忽视另一种不确定性即模糊性。在现实的投资环境和金融市场中，投资收益除了受到风险资产自身随机因素的影响外还受到经济结构调整、宏观经济政策、金融危机等多方面因素的影响和制约，这就造成风险资产的收益兼具随机性和模糊性。事实上，证券市场的不确定性是诸多投资者的不同行为作用的结果。因此，模糊性和随机性均是描述金融市场不确定性的一个重要特征。

金融市场是一个复杂的非线性系统，股票价格涉及许多不确定因素，各个因素之间的相关关系错综复杂。随机过程假定股价波动完全是随机的，但事实表明，股价波动含有某种规律性，股价的历史数据和其他信息蕴含着可用于预测未来股价的信息。20 世纪 80 年代以来，国内外利用神经网络对股票价格预测方法层出不穷，学者们开始利用人工智能技术对中国股市的股票价格进行预测。随着非线性、非参数智能技术的进步，出现了人工神经网络算法和支持向量机算法等非线性股票价格预测方法。然而，单一的算法局部最小和存在过度拟合、非线性逼近能力差等缺陷，预测结果通常不可靠，限制其在股票价格这种非线性、时变性问题的应用。本章通过支持向量机、神经网络和 ARIMA 时间序列模型进行组合预测，结合各种模型的优点，尽可能地提高预测精度。然后，将组合预测的结果作为模糊变量构建模糊投资组合以便增强决策的科学性，丰富投资组合选择的理论研究，有助于将理论研究逐步推向实践。

2.1 预测理论及方法

本章通过组合预测对股票价格进行预测，基本思路如下：首先利用计量经济模型对股票价格的线性趋势进行建模预测；其次利用遗传神经网络和基于粒子群优化算法的支持向量机等方法预测其非线性趋势；再次采用熵值法确定组合预测模型的权系数；最后将三者综合，形成一个综合集成的预测结果。

2.1.1 基于粒子群优化的 SVM 算法

（1）支持向量机算法

支持向量机是根据有限的样本信息建立在结构风险最小化和统计学习理论基础上基于模型的复杂性和学习能力之间寻求最佳折中的一种算法。支持向量机能够在最小化样本点误差的同时，缩小模型误差的上界以便最小化结构风险，从而提高模型的泛化能力。为了揭示金融市场价格波动的不稳定性和复杂变化的特征，解决本质上非线性的回归问题，本章采用引入非线性核映射的基于 ε -不敏感函数的 SVM 方法来解决股票价格的预测问题。支持向量机方法是统计学习理论的重要应用之一，其求解可以转化为一个典型的二次规划问题。经典的支持向量回归问题可以表述如下：对于给定的数据集合 $T = \{(X_i, y_i), i = 1, 2, \cdots, k\}$，构造回归函数：

$$f(x) = W \cdot \varphi(x) + b \tag{2.1}$$

$\varphi(x)$ 把输入向量 X 映射成特征空间中的向量，ε -不敏感函数作为误差函数尽可能使得所有样本点到所求超平面的距离都小于 ε，由于实际问题往往有噪声干扰，不可能所有样本点都落在 ε 管道中，为了充分考虑个别样本点到所求超平面的距离大于 ε 的情况，基于 ε -不敏感函数的 SVM 引入松弛变量 ξ_i 来解决这个问题。定义 ε -不敏感损失函数：

$$L[f(x), y, \varepsilon] = \begin{cases} 0, & |y - f(x)| \leq \varepsilon \\ |y - f(x)| > \varepsilon, & |y - f(x)| - \varepsilon \end{cases} \tag{2.2}$$

为了使式（2.1）的估计真实风险最小，利用结构化风险最小化准则构造下面的最小化目标函数：

$$\begin{aligned}&\min \frac{1}{2}\|w\|^2 + C\sum_i^l(\xi_i + \xi_i^*)\\&s.t.\ y_i - w\cdot\varphi(x_i) - b \leqslant \varepsilon + \xi_i,\\&-y_i + w\cdot\varphi(x_i) + b \leqslant \varepsilon + \xi_i^*,\\&\xi_i \geqslant 0,\xi_i^* \geqslant 0\end{aligned} \tag{2.3}$$

式（2.3）目标函数右侧代表模型结构信息和回归函数对于误差的惩罚，C 越大表示对训练误差大于 ε 的样本惩罚越大，支持向量机方法灵活地在模型复杂度和经验误差之间进行调节以便获得较好的泛化能力。优化问题（2.3）可转换为对偶问题，通引入拉格朗日乘子，并转化为对偶形式：

$$\begin{aligned}&\max\Big[-\frac{1}{2}\sum_{i=1}^l\sum_{j=1}^l(\alpha_i-\alpha_i^*)(\alpha_j-\alpha_j^*)K(x_i,x_j)\\&-\sum_{i=1}^l(\alpha_i+\alpha_i^*)\varepsilon+\sum_{i=1}^l(\alpha_i-\alpha_i^*)y_i\Big]\\&s.t.\ \sum_{i=1}^l(\alpha_i-\alpha_i^*)=0\\&0\leqslant\alpha_i\leqslant C\\&0\leqslant\alpha_i^*\leqslant C\end{aligned} \tag{2.4}$$

其中，$K(x_i,x_j) = \varphi(x_i)\varphi(x_j)$ 为核函数，最后得到的回归函数为：

$$f(x) = W^*\cdot\varphi(x) + b^* = \sum_{i=1}^l(\alpha_i-\alpha_i^*)\varphi(x_i)\varphi(x_j) + b^* = \sum_{i=1}^l(\alpha_i-\alpha_i^*)K(x_i,x) + b^* \tag{2.5}$$

其中部分参数 $(\alpha_i - \alpha_i^*)$ 不为零对应的样本即为所求问题中的支持向量。

（2）粒子群优化算法的训练参数选择

SVM 训练参数的选择过程本质上就是一个最优化的寻优过程，可行解空间中的每个点都可能是最优搜索的潜在解，并通过对训练集的拟合和学习过程做出反应和评估，因此，训练参数的最优化过程实质上就是设法最小化误差的过程。粒子群优化算法是近几年出现的一种适应性很强的进化算法，在计算领域和优化搜索中得到重用，相较于其他一些搜索算法，PSO

的优化策略和编码方法更加简单、高效，它是通过研究和模拟鸟群觅食行为而衍生出来的一种群体协作的随机搜索算法，算法初始化为一群随机粒子，粒子特征用位置、速度和适应值三项指标表示，然后通过不断迭代寻找最优解。在每一次迭代过程中，粒子通过跟踪个体极值 Pbest 和群体极值 Gbest 来更新自己，粒子更新自己的速度和位置根据如下的公式来刻画：

$$
\begin{aligned}
V' &= V \cdot \alpha + c_1 r_1 (Pbest - P) + c_2 r_2 (Gbest - P) \\
P' &= P + V'
\end{aligned}
\tag{2.6}
$$

其中 c_1, c_2 是非负的常数，称为加速度因子；r_1, r_2 是介于［0，1］之间的随机数；P 为粒子当前的位置，表示 SVM 训练参数惩罚系数、高斯径向基核参数和不敏感损失系数 C, σ, ε 的当前取值；这三个参数的取值对 SVM 的预测性能有着较大的影响，为获得理想的预测效果，PSO 根据当前的 C，σ, ε 训练 SVM 并计算泛化误差，通过式（2.6）更新当前粒子的速度和位置来寻找新的训练参数组合，对 SVM 参数进行优化，即可得到较优的参数组合和达到较强的学习能力。

2.1.2　基于遗传神经网络的预测模型

人工神经网络方法是 20 世纪 80 年代后期流行起来的非线性、非参数预测技术的主要代表方法之一。在刻画非线性特征方面具有优势，但其缺点是存在过估计问题和可能产生局部而非全局最优解，神经网络算法的训练是基于误差梯度下降的权重修改原则，存在落入局部最小点的问题；遗传算法更精通于全局搜索，但是局部的精确搜索显得能力不足。所以利用遗传算法优化神经网络初始权值和阈值，然后利用神经网络算法最终完成网络训练，两者的结合，有利于更好地解决实际问题。本章将遗传算法用于神经网络的优化设计中，增强了对非线性问题的识别与模拟能力，提高了处理问题的速度和预测结果的精度。具体实现路径为：先由遗传算法得到一组接近最优的网络权值与阈值，然后根据神经网络的反复训练进行得到实际输出与期望输出的误差，通过不断地对网络各层神经元权值的修正与阈值的修正，使得误差函数沿梯度方向下降从而逼近目标。通过这两步过程交替反复进行，可以使总的误差趋向减小方向变化，最终使误差达到满意的预期目标为止，从而得到网络权值和阈值的最优值以便达到预测的目的。遗传算法优化神经网络算法流程图如图 2 所示。

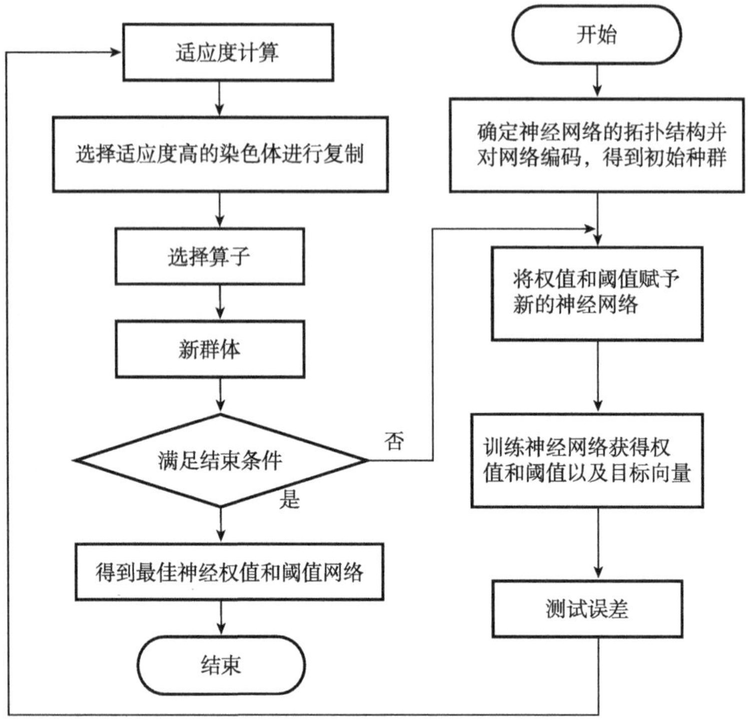

图 2　遗传算法优化神经网络算法流程图

2.1.3　ARIMA 时间序列预测模型

经 d 阶差分后的 ARMA（p，q）模型称为 ARIMA（p，d，q）模型，该模型在应用中需要通过 d 次差分将非平稳时间序列转化为平稳时间序列，再对此平稳时间序列进行定阶和参数估计，得到 p，q 的值，然后就可以依据 ARIMA（p，d，q）模型对时间序列进行预测分析。ARIMA 系列模型优点在于不仅考察了预测变量的过去值，而且对模型的过去值拟合产生的误差也作为重要因素纳入模型。

ARIMA 模型的形式：考虑序列 y_t ，若其能通过 d 次差分后变为平稳序列，即 $y_t \sim I(d)$ ，则

$$u_t = \Delta^d y_t = (1 - B)^d y_t, \tag{2.7}$$

u_t 平稳序列，于是可建立 ARMA（p，q）模型：

$$u_t = c + \varphi_1 u_{t-1} + \cdots + \varphi_p u_{t-p} + \varepsilon_t + \theta_1 \varepsilon_{t-1} + \cdots + \theta_q \varepsilon_{t-q} \tag{2.8}$$

其中，p 为自回归模型的阶数，q 为移动平均的阶数，ε_t 为一个白噪声过程。为了消除序列的异方差，需要对数据进行处理，一般情况下取其对数。利用 ARIMA 模型时不需要预先确定序列的发展形态，通过先假设一个可能的形式，然后反复对模型进行识别和修正，最终得到最佳的拟合方程来进行预测。

2.1.4　基于熵值法的集成预测

集成预测综合利用各种单项预测方法的结果，以适当的加权平均得出组合预测模型，集成预测的核心问题是如何确定加权平均系数。熵值法确定组合预测加权系数的步骤如下：

（1）将各种预测方法的相对误差序列归一化

$$p_{it} = \frac{e_{it}}{\sum_{i=1}^{N} e_{it}}$$

$$e_{it} = \begin{cases} 1, \left|(x_t - x_{it})/x_{it}\right| \geqslant 1 \\ \left|(x_t - x_{it})/x_{it}\right|, \left|(x_t - x_{it})/x_{it}\right| < 1 \end{cases} \tag{2.9}$$

其中，e_{it} 为相对误差，x_{it} 为第 i 种预测方法在第 t 时刻的预测值。

（2）计算第 i 种预测方法相对误差的熵值

$$h_i = -k \sum_{t=1}^{N} p_{it} \ln p_{it}, i = 1, 2, \cdots, m$$

$$k = 1/\ln N \tag{2.10}$$

（3）计算第 i 种预测方法的预测相对误差序列的变异程度系数

$$d_i = 1 - h_i \tag{2.11}$$

（4）计算各种预测方法的权系数

$$l_i = \frac{1}{m-1}\left(1 - \frac{d_i}{\sum_{i=1}^{m} d_i}\right) \tag{2.12}$$

(5) 计算组合预测值

$$x'_t = \sum_{i=1}^{m} l_i x_{it} \tag{2.13}$$

2.2 基于均值—方差—熵优化的模糊投资组合模型

证券市场是一个极其复杂的系统，证券的收益和风险都是不确定的，这就使得投资者需要在一个不确定的环境下做出投资决策。以往 Markowitz 均值方差投资组合模型将证券的收益和风险都描述为随机变量，根据历史信息获得随机收益和风险的分布。然而，由于证券市场的复杂性以及信息的缺失，投资者很难对未来的证券表现进行判断，在随机环境的不同情形下很难将主观判断转化为客观概率。证券市场的这种不确定性除了市场波动的影响而导致的随机特征外，还有经济现象特有的复杂性以及人的思维判断的模糊性，表现为边界不清晰和不分明的特点。为此，本章把模糊理论引入投资组合中，在利用方差度量风险的基础上，引进了熵函数作为方差度量风险的一种补充，从熵的内涵看，它是一种不确定性程度的度量，它的值越大，意味着我们对市场未来走向知道得越少。因为风险是与不确定性紧密相连的，而熵在本质上是不确定性的体现，从而有必要形成新的投资组合优化模型即均值—方差—熵模型来确定最优决策策略。考虑到证券市场中，投资者对投资风险和收益水平的主观意愿、证券市场的时变特征以及变化的模糊性，本章提出用模糊集理论的相关知识来描述证券收益、风险等相关变量的特征及其不确定性质。

2.2.1 预备知识

本章按照相关文献中模糊数的定义方法给出风险资产的收益、风险及其均值方差和熵等相关变量的模糊数。

定义 1：一个模糊数 $\tilde{A}$ 叫三角形模糊数，其中心为 a，左宽度为 α，右宽度为 β，用记号 $\tilde{A} = (a,\alpha,\beta)$ 来表示。同理，梯形模糊数用记号 $\tilde{A} = (a, b,\alpha,\beta)$ 来表示，容许区间为 $[a,b]$，左宽度为 α，右宽度为 β。

定义 2：风险资产的收益率为 $\tilde{r} = (r_i, \alpha_i, \beta_i), i = 1,2,\cdots,n$，它是中心为 r_i，左右宽度分别为 α_i, β_i 的三角模糊数时，其隶属数为

$$\tilde{r}_i(x) = \begin{cases} 1 - \dfrac{r_i - x}{\alpha_i}, r_i - \alpha_i \leqslant x < r_i \\ 1, x = r_i \\ 1 - \dfrac{x - r_i}{\beta_i}, r_i \leqslant x < r_i + \beta_i \\ 0, \text{其他} \end{cases}$$

定义 3：$\tilde{r}_i$ 的 λ 截集为 $(\tilde{r}_i)_\lambda = [r_i - (1-\lambda)\alpha_i, r_i + (1-\lambda)\beta_i], \lambda \in [0, 1], i = 1,2,\cdots,n$

由此，根据可能性均值的定义，风险资产的收益率 $\tilde{r}_i$ 的可能性均值、方差和协方差分别为

$$M(\tilde{r}_i) = \int_0^1 \lambda[r_i - (1-\lambda)\alpha_i, r_i + (1-\lambda)\beta_i]d\lambda = r_i + \frac{\beta_i - \alpha_i}{6}$$

$$Var(\tilde{r}_i) = \int_0^1 \lambda\{[r_i - (1-\lambda)\alpha_i - M(\tilde{r}_i)]^2 + [r_i + (1-\lambda)\beta_i - M(\tilde{r}_i)]^2\}d\lambda = \frac{1}{18}(\alpha_i^2 + \beta_i^2 + \alpha_i\beta_i)$$

$$Cov(\tilde{r}_i, \tilde{r}_j) = \frac{1}{18}(\alpha_i\alpha_j + \beta_i\beta_j) + \frac{1}{36}(\alpha_i\beta_j + \alpha_i\beta_j)$$

按照文献定义的方法给出基于三角形模糊数的模糊熵为：

$$H'[x] = -\int_{r_i-\alpha_i}^{r_i+\beta_i} [\frac{\tilde{r}_i(x)}{2}\ln\frac{\tilde{r}_i(x)}{2} + (1 - \frac{\tilde{r}_i(x)}{2})\ln(1 - \frac{\tilde{r}_i(x)}{2})]dx = \frac{1}{2}(\alpha_i + \beta_i)$$

于是，投资组合的模糊收益率 $\tilde{R} = \sum_{i=1}^{n} x_i\tilde{r}_i$ 的可能性均值、方差和熵分别为

$$M(\tilde{R}) = \sum_{i=1}^{n} x_i M(\tilde{r}_i) = \sum_{i=1}^{n} x_i(r_i + \frac{\beta_i - \alpha_i}{6})$$

$$Var(\tilde{R}) = \sum_{i=1}^{n} x_i^2 Var(\tilde{r}_i) + 2\sum_{i=1}^{n} x_i x_j Cov(\tilde{r}_i, \tilde{r}_j) = \frac{1}{24}\left(\sum_{i=1}^{n} x_i(\alpha_i + \beta_i)\right)^2$$

$$H[x] = \sum_{i=1}^{n} x_i H'[x] = \frac{1}{2}\sum_{i=1}^{n} x_i(\alpha_i + \beta_i)$$

2.2.2 含模糊约束的均值—方差—熵优化的模糊投资组合模型

本章假设：（1）投资者是有限理性的；（2）证券是无限可分的；（3）投资者不必支付证券交易费；（4）不允许卖空操作；（5）投资策略是自融资的；（6）资产的收益、风险和熵的模糊程度用三角模糊数来描述，换手率用梯形模糊数来刻画。由于证券市场的时变性、投资者的主观性和未来市场的不确定性，在考虑到收益、风险等变量为模糊数的同时，约束条件引入模糊约束以便充分体现决策过程中投资者对未来形势大体水平的粗略估计。投资者在 n 种资产间分配其财富，x_i 表示风险资产 i 的投资比例，u 表示组合的预期收益率，σ^2 表示组合的预期风险承受程度，$H'[x]$ 表示刻画组合的模糊熵，$(la_i, lb_i, l\alpha_i, l\beta_i)$ 表示资产的模糊换手率，v 为评价组合换手率的期望水平，$l_i \leqslant x_i \leqslant h_i$ 为投资比例的上下限限制。根据以上假设，则可建立如下基于模糊熵最小化的含模糊约束的均值—方差—熵优化的模糊投资组合模型：

$$\begin{aligned}
&\min H[x] = \frac{1}{2}\sum_{i=1}^{n} x_i(\alpha_i + \beta_i)\\
&s.t.\ \sum_{i=1}^{n} x_i\left(r_i + \frac{\beta_i - \alpha_i}{6}\right) \succ u\\
&\frac{1}{24}\left(\sum_{i=1}^{n} x_i(\alpha_i + \beta_i)\right)^2 \prec \sigma^2\\
&\sum_{i=1}^{n} x_i\left(\frac{la_i + lb_i}{2} + \frac{l\beta_i - l\alpha_i}{6}\right) \succ v\\
&\sum_{i=1}^{n} x_i = 1\\
&l_i \leqslant x_i \leqslant h_i\\
&i = 1, 2, \cdots, n
\end{aligned} \tag{2.14}$$

其中，模糊约束条件 $\succ$ 表示某种带有弹性的约束，可以理解为“大约大于等于”，刻画粗略估计的可能程度，约束条件按次序分别表示投资收益、风险水平和流动性的模糊不等式约束。

事实上，金融市场中，投资者对投资风险、收益水平和流动性往往带有很强的主观意愿，投资者之间非完全模仿及从众效应都会引起市场的变化，且这种变化还会反过来影响投资者。行为金融学认为市场中的参与者由于个性、气质不同，导致偏好与行为方式不同并不能完全无偏差、客观、公正地加工信息，其投资行为和决策态度会受到风险的态度和非贝叶斯预测的影响，市场的不完备性以及投资者的有限理性都不同程度会导致他们在进行风险决策时往往因为情感、心态和满意程度等因素不同程度的影响而形成对未来收益的不一致估计，产生了对应于每个投资者自己特有的有效边界。上述模型中并没有体现出投资者对这些指标的满意程度，为了反映投资者在不同市场阶段的投资心态和满意程度以及对市场未来信息获取程度的不同估计，本章引入非线性满意程度来描述这些性质，构建基于S形隶属函数的模糊投资组合模型。假定投资者对新息度量的代理变量—熵的隶属函数服从S形分布，其函数表达式如下：

$$u_H(x) = \frac{1}{1 + \exp[\alpha_H(H(x) - H_M)]} \tag{2.15}$$

其中，H_M 是S形隶属函数的中点，值为0.5，代表中等满意程度，α_H 是投资者给定的参数，用于体现投资者对新息水平反映的心理满意程度。结合式（2.14）和模糊均值、方差等变量的约定，定义下述关于收益和风险的模糊不等式为：

$$u_{M(\tilde{R})} = \begin{cases} 0, M(\tilde{R}) \leqslant u - u_0 \\ 1 - \dfrac{1}{u_0}[u - M(\tilde{R})], u - u_0 < M(\tilde{R}) \leqslant u \\ 1, M(\tilde{R}) > u \end{cases}$$

$$u_{Var(\tilde{R})} = \begin{cases} 0, Var(\tilde{R}) \leqslant \sigma - \sigma_0 \\ \dfrac{1}{\sigma_0}[\sigma - M(\tilde{R})], \sigma - \sigma_0 < Var(\tilde{R}) \leqslant \sigma \\ 1, Var(\tilde{R}) > \sigma \end{cases}$$

$$u_{l(x)} = \begin{cases} 0, l(x) \leqslant v - v_0 \\ 1 - \dfrac{1}{v_0}[v - l(x)], v - v_0 < l(x) \leqslant v \\ 1, l(x) > v \end{cases}$$

其中，u_0、σ_0、v_0 为事先给定预期收益率水平、风险承受程度和流动性水平上下浮动的弹性指标。按照贝尔曼和 Zadeh 的极大极小化原则，定义 $\eta=\min\{u_{H(x)},u_{M(\tilde{R})},u_{Var(\tilde{R})},u_{l(x)}\}$，则投资者的目标函数可以转化为 $\max\min\{u_{H(x)},u_{M(\tilde{R})},u_{Var(\tilde{R})},u_{l(x)}\}$，即投资者的目标是在综合权衡投资的不确定性、收益、风险和流动性的总体水平下做出的最优决策。经过去模糊约束化处理，相应的均值—方差—熵的模糊组合模型可以转化成以下形式：

$$
\begin{aligned}
&\max\ \eta\\
&s.t.\ \ \eta+\eta\exp\Big(\alpha_{\mathrm{H}}\Big(\frac{1}{2}\sum_{i=1}^{n}x_i(\alpha_i+\beta_i)-H_M\Big)\Big)\leqslant 1\\
&\qquad 1-\frac{1}{u_0}\Big[u-\sum_{i=1}^{n}x_i\Big(r_i+\frac{\beta_i-\alpha_i}{6}\Big)\Big]\geqslant\eta\\
&\qquad \frac{1}{\sigma_0}\Big[\sigma-\frac{1}{\sqrt{24}}\sum_{i=1}^{n}x_i(\alpha_i+\beta_i)\Big]\geqslant\eta\\
&\qquad 1-\frac{1}{v_0}\Big[v-\sum_{i=1}^{n}x_i\Big(\frac{la_i+lb_i}{2}+\frac{l\beta_i-l\alpha_i}{6}\Big)\Big]\geqslant\eta\\
&\qquad \sum_{i=1}^{n}x_i=1\\
&\qquad l_i\leqslant x_i\leqslant h_i\\
&\qquad 0\leqslant\eta\leqslant 1\\
&\qquad i=1,2,\cdots,n
\end{aligned}
\tag{2.16}
$$

令 $\theta=\ln\dfrac{\eta}{1-\eta}$，则 $\eta=\dfrac{1}{1+\exp(-\theta)}$，不难看出，最大化 η 就是使得 θ 最大化，最终上述问题转化为以下等价问题：

$$
\begin{aligned}
&\max\ \theta\\
&s.t.\ \ \frac{1}{2}\alpha_{\mathrm{H}}\sum_{i=1}^{n}x_i(\alpha_i+\beta_i)+\theta\leqslant\alpha_{\mathrm{H}}H_M\\
&\qquad u_0+\sum_{i=1}^{n}x_i\Big(r_i+\frac{\beta_i-\alpha_i}{6}\Big)+\frac{u_0}{1+\exp(-\theta)}\geqslant u\\
&\qquad \frac{1}{\sqrt{24}}\sum_{i=1}^{n}x_i(\alpha_i+\beta_i)+\frac{\sigma_0}{1+\exp(-\theta)}\leqslant\sigma\\
&\qquad v_0+\sum_{i=1}^{n}x_i\Big(\frac{la_i+lb_i}{2}+\frac{l\beta_i-l\alpha_i}{6}\Big)+\frac{v_0}{1+\exp(-\theta)}\geqslant v
\end{aligned}
\tag{2.17}
$$

$$\sum_{i=1}^{n} x_i = 1$$

$$l_i \leqslant x_i \leqslant h_i$$

$$\theta \geqslant 0$$

$$i = 1,2,\cdots,n$$

上述问题是一个标准的非线性最优化问题，有许多算法可以有效地解决此类问题，本章使用遗传算法进行全局寻优以便得到投资者满意的投资策略。

2.3　实证研究

本章选择沪深300指数为目标指数，以其成分股作为被选股票，选取研究时段为2010年3月8日到2010年8月31日的日数据作为训练样本，2010年9月1日到2010年10月29日为测试样本，通过改进的Fama三因子模型对成分股进行预选，利用k－means聚类方法对成分股中投资标的进行分类，使得优质股票尽可能划分到一个集合中，然后选取有投资价值的一个分类组合采用本章描述的组合预测方法进行集成预测，选取集成预测值比较高的股票群作为拟构建组合的投资对象，最后根据基于均值—方差—熵优化的模糊投资组合模型构造现货投资组合并与等比例资产分配法、市值加权分配法和沪深300指数相比较以便测试其超越指数的表现，试图说明均值—方差—熵优化的模糊投资组合策略的科学性和可行性。

2.3.1　预优化

本章采用k－means聚类方法对成分股票数据进行预处理，以便缩小搜索空间，增强寻优能力，快速确定投资范围和锁定投资标的。聚类可使得同一类的内部相似度最大、差异度最小，类与类之间的相似度最小，差异度最大。K－均值算法是一种数据划分或分组的聚类方法，通常基于划分的聚类算法是建立在欧氏距离的基础上进行聚类。即：

$$d(x_i,x_j) = (|x_{i1} - x_{j1}|^2 + |x_{i2} - x_{j2}|^2 + \cdots + |x_{ip} - x_{jp}|^2) \quad (2.18)$$

其中 $x_i = (x_{i1},x_{i2},\cdots,x_{ip})$，$x_j = (x_{j1},x_{j2},\cdots,x_{jp})$ 是两个 p 维的数据对象。

Fama 和 French 在 CAPM 理论的基础上引入了三因子将资产定价从 CAPM 的单因子模型扩展到三因子模型，在成熟资本市场上解释了许多异常现象。然而，针对中国证券市场的特征，标准三因子定价模型解释效果不是很好。国内许多研究人员在此方面做了大量的工作，在三因子模型基础上拓展了合适的股票期望收益率估计的新三因子模型。实证研究表明小市值组合的市场贝塔与收益存在显著正相关、换手率与收益存在显著正相关，低市盈率组合与收益存在一定的正相关。相对来说，同时引入换手率、市盈率改进的模型能够较好地解释中国股票市场数据。因此，本章从换手率 v 、市盈率 s 和流通市值 g 三个维度进行 k－means 聚类对沪深 300 成分股划分，选择其中收益率较高的分类组合作为研究对象进行组合预测。具体实现为：先用 k－means 聚类对沪深 300 成分股划分成 10 个大类，这 10 个类别在类与类之间的相似度非常接近而类间差异度很大，为了能够比较准确地找到未来具有成长能力的有价值的投资组合，采用新三因子模型进行回归分析，自变量为换手率、市盈率和流通市值，因变量为收益率，然后，在 10 个类别中随机抽样选取个别股票进行回归检验，选中因变量收益率最大的类别作为研究对象，并定义该研究对象的类别为一级类群。由于 k－means 聚类可以使得类内差异度很小和相似度非常大的群体能够划分在一个类里，因此，随机抽样结果颇具代表性即个别能够显著代表所在类的性质，这样通过先分类的办法不仅缩小了寻优范围，而且很快能找到有成长潜力的价值型股票类群，最后，在选中的一级类群中再次通过三因子模型对群的成员进行回归分析，选取回归收益率从高到低的前 9 只股票形成二级类群完成预优化。其中，新三因子模型的回归方程如下：

$$r = -8.809122 + 11.90131 \times g + 62.77880 \times v + 30.04195 \times s + \varepsilon_t \varepsilon_t \sim N(0, \sigma_t^2) \tag{2.19}$$

其中，v 代表换手率，s 代表市盈率，g 代表流通市值，且该三项的数据都经过归一化处理，r 代表新三因子模型的回归收益率，ε_t 为随机误差项，上述拟合方程的 R－squre 为 0.968273，P 值为 0.000196，均通过检验。由此通过 k－means 聚类和新三因子模型预优化得到的 9 只股票分别是：包钢稀土、宝钛股份、厦门钨业、五矿发展、航天机电、中色股份、万向钱潮、海南航空、方大炭素，它们分别被划分在 10 大类中的 2、4、8 类里边，此处按回归收益率从大到小取前 9 名股票作为二级类群的研究对象。

2.3.2　组合预测

（1）基于粒子群优化的支持向量机预测

支持向量机是建立在统计学习理论和结构风险最小原理基础上具有很强推广能力的一种机器学习方法，支持向量机较传统方法具有小样本学习特性、全局最优和推广能力强等突出优点，本章采用基本面分析和技术面分析相结合的方法进行预测。基本面分析的理论认为证券的投资价值是由其内在价值即均衡价格决定的，该价值是由证券所代表的企业追求财富的盈利潜力决定的。反映这种盈利潜力的典型代理指标为市盈率、每股收益、每股现金流和市净率等。技术分析是根据证券市场的历史数据诸如股票价格、成交量、成交金额等信息来预测证券价格的未来变动，本章选用日最高价、最低价、收盘价、成交量以及成交金额等指标来建立多因素的 SVM 回归模型。其中，PSO 算法采用收缩因子方法进行优化，取粒子个数为 80 个，加速因子 c1、c2 分别取值 1.49，迭代次数为 300，个体和速度的最大最小值分别为 2，－2，0.5，－0.5，经过粒子群优化的参数 $C = 512, \sigma = 0.00098, \varepsilon = 0.157$，与其他线性核、柯西函数核和拉普拉斯函数核相比，采用高斯函数核，预测效果最优。粒子群优化的参数寻优过程能够在一定范围内求出最优参数，省去了传统的人工交叉检验最优参数的过程。而且，利用最优参数进行模型训练和模型预测，得到的预测值能够很好地拟合真实值，预测效果较好，因此，粒子群优化不失为支持向量机研究中的一个重要工具。

（2）遗传神经网络预测

鉴于神经网络出色的非线性逼近能力，本章主要利用径向型神经网络通过技术面分析对股价进行预测，神经网络的结构采用 100－15－1 的 3 层网络结构。选用的输入变量为：日最高价、日最低价、日开盘价、日成交量、日成交金额、日涨跌幅、换手率、A 股流通市值、市盈率、市净率和市销率，以日的收盘价作为输出进行预测。其中，遗传算法运行参数设定为：种群大小 40，最大遗传代数 50，采用轮盘赌法进行选择，交叉概率取 0.8，变异概率取 0.01，神经网络的初始连接权值选择［－2.5，2.5］之间的随机数，训练循环终止条件为输出精度达 0.001 或训练步数达到最大训练步数 1000 步，BP 算法的学习速率为 0.4，惯性率为 0.8，训练函数采用 Levenberg - Marquardt 算法对网络进行训练。

（3）时间序列预测

本章采用时间序列模型 ARIMA（p，d，q）进行预测，首先确定 ARIMA 模型的参数，经过 ADF 检验后确定采用对数一阶差分的 ARIMA（1，1，1）回归模型如下：

$$\begin{aligned}\Delta\ln(Y_t) &= c + u_t \\ u_t &= \varphi u_{t-1} + \varepsilon_t + \theta\varepsilon_{t-1}\end{aligned} \tag{2.20}$$

表 1 显示了海南航空取对数后的 ARIMA（1，1，1）回归模型的系数数值及检验情况，从中可以看出，该回归模型的各项系数均显著，残差不存在序列相关性，说明该回归模型是有效的。其 ARIMA（1，1，1）回归模型可以表述为：

$$(1 + 0.54B)(1 - B)\ln(Y_t) = 0.017 + (1 + 0.99B)\varepsilon_t \tag{2.21}$$

Y_t 表示第 t 期的股票收益率，知道历史数据，即可由式（2.21）得到后续的预测值。

表 1　取对数后的 ARIMA（1，1，1）模型系数及检验

Variable	Coefficient	Std. Error	t - Statistic	Prob.
C	0.017044	0.006580	2.590173	0.0155
AR（1）	-0.540369	0.151857	-3.558417	0.0015
MA（1）	0.997492	3.73E-06	267510.6	0.0000

R - squared	0.149627	Mean dependent var	0.014260
Adjusted R - squared	0.084214	S. D. dependent var	0.028513
S. E. of regression	0.027286	Akaike info criterion	-4.267200
Sum squared resid	0.019357	Schwarz criterion	-4.125756
Log likelihood	64.87440	F - statistic	2.287411
Durbin - Watson stat	2.243882	Prob（F - statistic）	0.121597
Inverted AR Roots	-0.54		
Inverted MA Roots	-0.92		

最后，根据熵值法的权重确定方法得到三种预测方法的权重向量为W =

[0.272232，0.316682，0.411086]，三种不同预测方法得到的预测值以及组合预测值如表 2 所示。

表 2　训练期间三种方法及集成预测的按月折算的收益率和相对偏差

证券名称	实际值	SVM	遗传神经	时间序列	集成预测	相对偏差
包钢稀土	0.525365	0.541193	0.583545	0.497352	0.536590	0.02136
宝钛股份	0.405832	0.308915	0.464585	0.394299	0.393314	-0.03084
厦门钨业	0.908831	0.790326	0.798061	0.952521	0.859448	-0.05433
五矿发展	0.805352	0.743926	1.062866	0.789645	0.863708	0.07246
航天机电	0.325735	0.199016	0.585833	0.256489	0.345130	0.05954
中色股份	0.942675	0.861716	1.425015	0.8440779	1.032852	0.09568
万向钱潮	0.115856	0.071435	0.192561	0.106859	0.124375	0.073534
海南航空	0.505138	0.459125	0.507572	0.506928	0.494109	-0.02183
方大炭素	0.139832	0.134783	0.170356	0.092025	0.128479	-0.08119

其中，相对偏差的计算公式为：（集成预测的收益率 - 实际收益率）/实际收益率，一般来说，测试期时间比较长偏差累积也比较大。从表 2 可以看出，测试期间包钢稀土、宝钛股份、海南航空等股票的相对偏差按月计算都比较小，无论是预测的准确性还是稳定性，综合集成预测的结果大大高于单一模型的预测。其他比较大的偏差可能来自一些不规则和突发事件的影响，在综合集成预测模型中可以通过专家判断进一步调整。

2.4　均值—方差—熵优化的模糊投资组合结果

首先，我们将投资者对投资收益、风险程度和换手率的目标水平模糊化，为了更形象地刻画投资者对模糊决策的满意程度，特别对熵的描述引入 S 形隶属函数以便能更好地体现投资者的主观意愿，最大限度地得到符合自己意愿的投资策略。收益率和换手率分别采用三角模糊数与梯形模糊数来处理，收益率三角模糊数的中心值为组合预测值，左右宽度分别用支持向量机等三种不同预测方法得到的最小预测值和最大预测值与中心值差值的绝对值来表示；换手率的梯形模糊数通过 k - means 聚类方法分成 10 个大类，根据类里成员数量多少从高到低的排序结果得到，容许区间为测试期间排名最靠前的两个类取其均值获得，左右宽度为次大的两个类的均值与容许区间均值的差值。经过模糊化处理的收益率三角模糊数和换手率的梯形模糊数如表3 所示。

表3　训练期间预测结果转换的模糊变量

证券名称	收益率的三角模糊数	换手率梯形模糊数	左宽度	右宽度
包钢稀土	<0.54，0.04，0.05 >	[6.57，8.03]	2.54	1.95
宝钛股份	<0.39，0.08，0.07 >	[4.27，6.34]	1.02	4.97
厦门钨业	<0.86，0.07，0.09 >	[2.67，3.29]	0.47	1.31
五矿发展	<0.86，0.12，0.20 >	[4.16，6.01]	2.51	2.54
航天机电	<0.35，0.15，0.24 >	[2.68，3.10]	0.61	1.15
中色股份	<1.03，0.19，0.40 >	[4.08，5.77]	7.68	7.48
万向钱潮	<0.12，0.05，0.07 >	[14.5，15.2]	1.02	0.68
海南航空	<0.49，0.04，0.01 >	[1.22，1.67]	0.85	0.87
方大炭素	<0.13，0.04，0.04 >	[7.40，8.87]	3.06	3.15

此外，式（2.17）中参数设置为：收益率的弹性指标为0.06，预期收益率为0.3，方差的弹性指标为0.002，预期风险控制在0.05 的水平，换手率的弹性指标为0.005，平均换手率为0.02，各品种投资比例的上限和下限统一为0.2 和0.005，α_H, H_M 取值分别为0.05 和600，反映投资者的满意程度和乐观与否的心理状态，考虑式（2.17）中的非线性约束①，采用遗传算法求解得到不同的投资比例见表4。

表4　优化后的9 只股票投资组合的资产配置情况

证券名称	包钢稀土	宝钛股份	厦门钨业	五矿发展	航天机电
投资比例	0.11306	0.00507	0.13232	0.18716	0.19842
证券名称	中色股份	万向钱潮	海南航空	方大炭素	
投资比例	0.17688	0.06946	0.00844	0.10919	

为进一步考察采用本章提出的基于集成预测的模糊投资组合优化方法

① 本文使用 Matlab 7.0 软件进行实证分析，实证结果由 Matlab 7.0 相关程序实现。

得到的投资组合的具体效果，引用经典的衡量组合收益能力的指标 Sharp 指数以及超额收益率和相对风险等指标来测度组合的总体性能；另外，由于金融市场是众多投资者、机构和不同经济主体经过充分竞争和博弈后的产物，其主要指数往往具有很强的指示作用，成熟市场尤其如此，比如，标普 500 指数能够较强地反映市场的运行情况，很多共同基金的业绩很难超越它，因此市场有代表性的指数通常用来评价投资组合的业绩表现。其中，Sharp 指数能够同时考虑包括系统风险和非系统风险在内的总风险，相对风险则是用来反映单位收益的风险承受程度，计算 Sharp 指数所用到的无风险利率取一年期定期存款利率按月折算后的结果。本章主要用这几个指标来综合反映组合的业绩表现，同时，引入等比例资产分配法和市值加权分配法来构建投资组合作为比较对象以反映不同投资组合间的差别，表 5 列出了各种不同投资组合在不同测度指标下的业绩性能以及超越沪深 300 指数的表现。不难看出，采用集成预测的模糊投资组合在绝对收益率、标准差的风险度量、Sharp 指数和相对风险方面都优于等比例资产分配法和市值加权分配法，在超额收益即超越沪深 300 指数方面也有不俗的表现，其相对收益比较可观。实证研究表明本章提出的集成预测的模糊投资组合获得的最优资产组合相比其他组合收益率更高，相对风险更低，进一步开辟了套利策略的盈利空间，这说明采用本章提出的资产组合选择方法具有一定的科学性和实用性。

表 5　三种投资组合在测试期间的业绩表现

组合类别	收益率	标准差	Sharp 指数	超越沪深 300 指数	单位收益风险
集成预测模糊组合	0.59	0.039	15.05	0.47	0.066
等比例法	0.52	0.1567	3.299	0.40	0.301
市值加权法	0.57	0.143	4.04	0.45	0.25

2.5　本章小结

本章通过基于集成预测的方法构建模糊投资组合，选择了遗传神经网络模型、多因素 SVM 回归模型和 ARIMA 时间序列模型作为组合预测中的单一模型，并将单一模型预测结果作为模糊变量进行投资组合优化，其中，采用基于遗传神经网络的算法能够同时优化网络结构和权值向量，加快了神经网络的收敛速度，提高了最优解的优化精度，同时基于粒子群优化的支持向量机通过不断更新粒子的速度和位置来训练参数组合进一步提高了SVM的统计学习能力。实证分析表明基于集成预测的均值—方差—熵的投资组合相比其他组合收益率更高，相对风险更低，超额收益的获取能力也比较强，为进一步的套利策略打开了空间，对于追求绝对收益和进行高效资产配置的投资者和对冲基金来说具有重要的意义和实用价值，其方法可以用于投资基金管理、金融风险管理等实际工作中，以便提高决策的科学性。

第三章　摩擦市场下的多阶段动态资产组合配置策略

投资组合理论是现代金融经济学和金融工程的重要研究内容，是投资管理和决策实践的重要工具。早期的投资组合决策方法依然局限于静态均值—方差模型，主要考虑了单时期模型的解析结构和其有效前沿而没有考虑投资期间投资组合的调整问题，也没有考虑交易费用和税收等因素对投资行为的影响，对长期投资来说往往显得力不从心，投资组合选择实质上是投资者在不确定环境下如何进行风险管理和资产配置，仅局限于单阶段资产组合选择问题，不考虑投资期间投资组合随市场的动态变化，这显然与实际的投资行为不吻合。自 Markowitz 开创性的工作后，投资组合理论得到了很大的发展，许多学者将其改进、发展和完善，Fang 等运用模糊决策理论，引入换手率，建立了基于模糊决策理论的投资组合再平衡模型；Sen，Korn 和 Cakmak 等利用随机规划建立起投资组合的随机控制模型；还有的学者从资本收入与市场信息对投资者影响的角度出发，研究资本流动、信息冲击与动态资产组合选择的关系，指出投资者在对市场信息不一致预期下采取不同的资产组合策略来对冲未来业绩的不确定性，并将业绩预期悲喜信息作为对比参照组，研究了上市公司业绩披露的群聚现象，突出了信息差异对资产组合配置的影响。这些模型均要求投资者能给出资产随机收益率的期望值，并且要求价格作为随机变量服从正态分布和以方差度量的价格波动不随时间变动的平稳性。然而在现实中，人们往往很难给出某种资产具体的期望收益率，只能根据历史数据去估计。况且，实际的金融市场中存在交易费，忽视交易费可能导致非有效的投资组合，现实的投资环境中资产的收益分布往往也随阶段不同而变化，投资行为，特别是机构投资者的投资行为往往是动态多期和多变的，他们随着投资环境和经济周期的变化将适时调整资产组合头寸，并非将初期构建的资产组合一成不变地保持到投资计划期末。其次，资产价格的历史数据并不能完全提供对资产价格未来特征的描述，而且忽略了资产收益的时变特性和受未来诸多不确定性因素的影响，用在某个特定时点获得的信息刻画资产价格的未来特征具有不科学性，受未来诸多不确定因素的影响，特别是当经济系统出现重大变动时，资产价格往往会偏离正常运行周期和运动轨迹，出现异常现象和不确定的特征，类似这样的不确定性有可能直接导致投资者在资产组合决策过程中改变其投资行为。大量研究发现，资产组合选择对预测变量具有很强的敏感和依赖关系，收益、风险等决策变量具有的可预测性可以降低参数不确定性对资产组合选择的影响，使资产组合具有较强的鲁棒性和表现得较为稳定。本章在动态资产组合选择过程中把市场摩擦因素、预测关系、递推决策规则引入多阶段投资组合优化模型以便反映未来预期变化的不确定性，通过建立具有预测关系的资产收益率的支持向量机回归模型，运用极大极小原则解决了一种基于递推决策规则的多阶段动态投资组合选择问题，给出了不同投资期下风险资产配置的数值解，推导出了不同阶段下有效投资组合的投资策略。

3.1 摩擦市场下动态投资组合决策模型

将单阶段模型推广到多阶段模型，由静态推广到动态，是投资组合模型研究的一个重要方向。动态模型把时间与不确定性结合起来分析动态过程的投资情况，允许投资者在每个阶段初根据上一阶段的情况调整投资策略来对冲与克服收益率的变化和不确定因素带来的波动。考虑到多阶段投资组合的总风险并不具有简单的次可加性①，投资者在投资过程中选择最大化最终财富与最小化承担风险的策略，设定目标函数是在风险资产收益率最不利的情况下追求加权指标最小化，即极大极小投资阶段的风险，并与投资总收益进行折中，对于收益率未知，可借助最小二乘支持向量机预测

① 函数的次可加性（subadditivity）是函数的一个基本性质，它粗略地声称计算函数对定义域中两个元素的和总是小于或等于这个函数对每个元素值的和的某个值。在数学的各个领域中有很多次可加函数的例子，特别是范数和平方根。加性函数是次可加函数的特殊情况。

得到资产收益率下一阶段最优收益率的预测值，交易成本采用 V 形交易函数来刻画。本章运用股票收益的历史数据和支持向量机模型预测未来股票收益，研究资产收益可预测性下的带交易费的多阶段动态投资组合选择问题。

3.1.1 动态投资组合模型的建立

假设在一定的有限时间内，投资者既不增加资金，也不抽取交易费用外的资金，投资策略是自融资的；购买和抛售单位金额的证券要付交易费用；证券是无限可分的；不允许卖空操作；投资是连续的，在相邻的两个阶段之间没有其他的投资行为。投资者在 n 种风险资产间分配其财富，x_{tj} 表示 t 时期风险资产 j 的投资比例，$l_j \leqslant x_{tj} \leqslant h_j$ 为投资比例的上下限限制且不允许卖空，$R_t = (R_{t1},\cdots,R_{tn})$ 表示资产在 t 时期的收益率向量，通过最小二乘支持向量机预测获得，$r_t = (r_{t1},\cdots,r_{tn})$ 是其期望值，$x_t = (x_{t1},\cdots,x_{tn})$ 表示投资者在 t 时期的投资策略即投资者在 t 时期分配到各风险资产上的资金份额，$t = 1,\cdots,T$。交易费用函数采用 V 形交易函数即 $c_j(x_j) = k_j|x_j - x_j^0|$，$x_j^0$ 为风险资产已持有的资金份额。记 V_t 为 t 时期末的总财富，则有递推关系式：

$$V_{t+1} = V_t + \sum_{j=1}^{n} R_{tj}x_{tj} - \sum_{j=1}^{n} k_j|x_{tj} - x_{tj}^0|, t = 1,\cdots,T \tag{3.1}$$

V_0 表示第一阶段初投资者拥有的财富，则 $V_0 = W_0$。

同时假设在 t 时期投资的金额等于这一阶段初期投资者所拥有的财富，即

$$\sum_{j=1}^{n} x_{tj} = V_t, t = 1,\cdots,T \tag{3.2}$$

t 阶段资产的风险用资产收益率的最大绝对偏差来定义，z_t 表示预期的风险控制水平即：

$$w'_t(x_t) = \max_{1 \leqslant j \leqslant n} E(|R_{tj}x_{tj} - r_{tj}x_{tj}|) \leqslant z_t, j = 1,\cdots,n, t = 1,\cdots,T \tag{3.3}$$

由于风险资产的总风险并不具有简单的次可加性，整个投资区间的投资总风险用 t 时期末的极大极小资产收益率的负向偏差来定义，即：

$$w_t = \max_{1 \leqslant t \leqslant T}\left\{\left|\min\left\{0, \sum_{j=1}^{n}(R_{tj}x_{tj} - r_{tj}x_{tj})\right\}\right|\right\}, t = 1,\cdots,T \tag{3.4}$$

根据以上假设，考虑到投资者是厌恶风险的，期望最大化收益的同时极小化地承担风险，基于此建立双目标优化模型如下：

$$
\begin{aligned}
&\min\{-E(V_t),w_t\}\\
&s.t.\ V_{t+1}=V_t+\sum_{j=1}^{n}R_{tj}x_{tj}-\sum_{j=1}^{n}k_j|x_{tj}-x_{tj}^0|,t=1,\cdots,T\\
&w_t=\max_{1\leqslant t\leqslant T}\left\{\left|\min\left\{0,\sum_{j=1}^{n}(R_{tj}x_{tj}-r_{tj}x_{tj})\right\}\right|\right\},t=1,\cdots,T\\
&\max_{1\leqslant j\leqslant n}E(|R_{tj}x_{tj}-r_{tj}x_{tj}|)\leqslant z_t,j=1,\cdots,n,t=1,\cdots,T\\
&\sum_{j=1}^{n}x_{tj}=V_t,t=1,\cdots,T\\
&x_{tj}\geqslant 0,j=1,\cdots,n,t=1,\cdots,T\\
&l_j\leqslant x_{tj}\leqslant h_j,j=1,\cdots,n\ ,t=1,\cdots,T
\end{aligned}
\tag{3.5}
$$

令 $\lambda,0\leqslant\lambda\leqslant 1$ 为上述两目标之间的平衡因子，其变化体现了最大化收益和极小化所承担的风险之间蕴含的权衡关系，其平衡协调能力采用自适应的办法通过混合优化策略在全局寻优过程中动态实现。再设 $|x_j-x_j^0|=|\theta_j|$，并假定交易费率是固定的 α。因此，可以将双目标转化成单目标得到等价优化问题为：

$$
\begin{aligned}
&\min\{\lambda w_t-(1-\lambda)E(V_t)\}\\
&s.t.\ V_{t+1}=\sum_{j=1}^{n}x_{tj}+\sum_{j=1}^{n}R_{tj}x_{tj}-\alpha\sum_{j=1}^{n}|\theta_{tj}|,t=1,\cdots,T\\
&w_t=\max_{1\leqslant t\leqslant T}\left\{\left|\min\left\{0,\sum_{j=1}^{n}(R_{tj}x_{tj}-r_{tj}x_{tj})\right\}\right|\right\},t=1,\cdots,T\\
&\max_{1\leqslant j\leqslant n}E(|R_{tj}x_{tj}-r_{tj}x_{tj}|)\leqslant z_t,j=1,\cdots,n,t=1,\cdots,T\\
&x_{tj}\geqslant 0,j=1,\cdots,n,t=1,\cdots,T\\
&l_j\leqslant x_{tj}\leqslant h_j,j=1,\cdots,n\ ,t=1,\cdots,T\\
&-x_{tj}\leqslant\theta_{tj}\leqslant\rho W_0,j=1,\cdots,n\ ,t=1,\cdots,T
\end{aligned}
\tag{3.6}
$$

上述问题是一个带有非线性约束的非凹非凸最优化问题，求解这样优化问题的解析解较为困难，本章使用粒子群优化和神经网络的混合智能算法得到投资者满意的投资策略。

3.1.2　基于粒子群优化和神经网络混合智能算法的模型求解

（1）算法思路

上述优化模型是一个比较复杂的多阶段、多步递推决策问题，可以采用先集成后分解的思想，按照动态规划的方法把问题转化成同类型的单步决策子问题，再逐个进行求解，在求解每一个单阶段决策问题的过程中，采用粒子群优化算法来寻找子问题的最优解；同时在求解每个子问题时，从每个子状态到最优目标值和最优策略之间定义一个多输入多输出的映射。所以，本章采用神经网络来训练这个非连续函数映射以便获得最佳目标和最优投资策略的逼近关系。由于神经网络的反复训练能够存储前阶段获得的最优目标值和最优策略，正好符合动态规划的特点。因此，在解决下一阶段问题的时候，只需把获得的逼近函数代入，利用训练好的网络就可以得到本阶段的最优目标值和最优策略，然后步步反推过去进行逆序求解即可求出各阶段的最优目标函数值和最优投资策略，最终即可得到多阶段动态投资组合的最优策略。

（2）算法具体步骤

步骤1——令 $\theta_k = (\theta_{k1}, \cdots, \theta_{kn}), k = 0,1,\cdots,T-1$，当 $k = T-1$ 时，最优目标函数及约束条件为：$T_1^*(\theta_{T-1}) = \min\limits_{\theta_{T-1}}\{\lambda w_t - (1-\lambda)E(V_t)\}$ $V_T = V_{T-1} + \sum\limits_{j=1}^{n} R_{T-1,j}x_{T-1,j} - \alpha\sum\limits_{j=1}^{n} |\theta_{T-1,j}|, w_{T-1} = \max\{|\min\{0, \sum\limits_{j=1}^{n}(R_{T-1,j}x_{T-1,j} - r_{T-1,j}x_{T-1,j})\}|\}$。对随机给定的 N_1 组 $(w_{T-1,i}, x_{T-1,i}^1, x_{T-1,i}^2, \cdots, x_{T-1,i}^n)$，按照上述公式，通过粒子群优化算法产生与之对应的最优组合调整策略 $(\hat{\theta}_{i,T-1}^1, \hat{\theta}_{i,T-1}^2, \cdots, \hat{\theta}_{i,T-1}^n)$ 满足目标函数最优，然后将这 N_1 组 $(w_{T-1,i}, x_{T-1,i}^1, x_{T-1,i}^2, \cdots, x_{T-1,i}^n)$ 作为神经网络的输入数据，N_1 组 $(\hat{\theta}_{i,T-1}^1, \hat{\theta}_{i,T-1}^2, \cdots, \hat{\theta}_{i,T-1}^n, \Gamma_{i,1}^*)$ 作为神经网络的输出数据，训练出一个函数逼近的神经网络，为下一步求解做准备。

步骤2——当 $k = T-1$ 时，最优目标函数为：

$$\Gamma_2^*(\theta_{T-2}) = \min_{\theta_{T-2}}\{\lambda w_t - (1-\lambda)E(V_t)\} \tag{3.7}$$

$V_{T-1} = V_{T-2} + \sum\limits_{j=1}^{n} R_{T-2,j}x_{T-2,j} - \alpha\sum\limits_{j=1}^{n} |\theta_{T-2,j}|, w_{T-2} = \max\{|\min\{0,$

$\sum_{j=1}^{n}(R_{T-2,j}x_{T-2,j}-r_{T-2,j}x_{T-2,j})\}|\}$ 对随机给定的 N_1 组（$w_{T-2,i},x_{T-2,i}^1,x_{T-2,i}^2,\cdots,x_{T-2,i}^n$），按照上述公式，通过粒子群优化算法产生与之对应的 N_1 组最优组合调整策略（$\hat{\theta}_{i,T-2}^1,\hat{\theta}_{i,T-2}^2,\cdots,\hat{\theta}_{i,T-2}^n$）满足目标函数最优，然后将这 N_1 组（$w_{T-2,i}$，$x_{T-2,i}^1,x_{T-2,i}^2,\cdots,x_{T-2,i}^n$）作为神经网络的输入数据，$N_1$ 组（$\hat{\theta}_{i,T-2}^1,\hat{\theta}_{i,T-2}^2,\cdots,\hat{\theta}_{i,T-2}^n$，$\Gamma_{i,2}^*$）作为神经网络的输出数据，训练出一个函数逼近的神经网络。值得注意的是，该步骤运用前面步骤训练好的神经网络来求解，充分利用前面子问题的最优解，将每一次动态规划的最优结果存入神经网络，依次进行，获得最后一个子问题的最优解就是整个问题的最优解。即重复步骤 1 里面的子过程，用神经网络逼近如下函数：

$$\begin{aligned}\hat{\theta}_{T-2}^1 &= \Omega_{T-2}^1(w_{T-2},x_{T-2}^1,x_{T-2}^2,\cdots,x_{T-2}^n),\\ \hat{\theta}_{T-2}^2 &= \Omega_{T-2}^2(w_{T-2},x_{T-2}^1,x_{T-2}^2,\cdots,x_{T-2}^n),\\ &\vdots\\ \hat{\theta}_{T-2}^n &= \Omega_{T-2}^n(w_{T-2},x_{T-2}^1,x_{T-2}^2,\cdots,x_{T-2}^n),\\ \Gamma_2^* &= \Phi_{T-2}(w_{T-2},x_{T-2}^1,x_{T-2}^2,\cdots,x_{T-2}^n)\end{aligned}\tag{3.8}$$

步骤 3——依此类推，当 $k=0$ 时，最优目标函数为：

$$\Gamma_T^*(\theta_0)=\min_{\theta_0}\{\lambda w_t-(1-\lambda)E(V_t)\}\tag{3.9}$$

重复步骤 2，用神经网络可以逼近如下函数：

$$\begin{aligned}\hat{\theta}_0^1 &= \Omega_0^1(w_0,x_0^1,x_0^2,\cdots,x_0^n),\\ \hat{\theta}_0^2 &= \Omega_0^2(w_0,x_0^1,x_0^2,\cdots,x_0^n),\\ &\vdots\\ \hat{\theta}_0^n &= \Omega_0^n(w_0,x_0^1,x_0^2,\cdots,x_0^n),\\ \Gamma_T^* &= \Phi_0(w_0,x_0^1,x_0^2,\cdots,x_0^n)\end{aligned}\tag{3.10}$$

由于初始财富及风险可根据初始资产的收益率和收益率的绝对离差计算得到，按照上述计算过程的顺序反推并利用约束条件中的递推关系，即可得到各阶段的最优决策和最优值。

（3）粒子群优化算法

粒子群优化算法是通过模拟鸟群觅食行为而发展起来的一种基于群体协作的随机搜索算法，粒子通过跟踪个体极值和群体极值来更新自己和不断迭代寻找最优解。粒子在搜索空间中的速度和位置根据如下的公式确定：

$$\begin{aligned} v_{t+1} &= wv_t + c_1r_1(P_t - x_t) + c_2r_2(G_t - x_t) \\ x_{t+1} &= x_t + v_{t+1} \end{aligned} \tag{3.11}$$

其中，c_1,c_2 是非负的常数，称为加速度因子；r_1,r_2 是介于［0，1］之间的随机数；x 为粒子当前的位置；P_t 是粒子迄今为止搜索到的最优位置；G_t 是整个粒子群迄今为止搜索到的最优位置。具体实现如下：

①初始化：先随机产生一个（$w_{T-1},x_{T-1}^1,x_{T-1}^2,\cdots,x_{T-1}^n$），而后对（$w_{T-1}$，$x_{T-1}^1,x_{T-1}^2,\cdots,x_{T-1}^n$）相应随机产生 L 个粒子（$\theta_i^1,\theta_i^2,\cdots,\theta_i^n$）作为粒子群算法的种群，判断是否满足约束条件，直到获得可行的初始粒子群，再随机产生粒子群的速度并确定粒子的 P_t 和 G_t。

②适应度函数：取目标函数的倒数 $\frac{1}{\Gamma_j}(j = 1,2,\cdots,L)$ 为适应度评价函数。

③对于每个粒子（$\theta_i^1,\theta_i^2,\cdots,\theta_i^n$），将其适应值与该粒子所经历过的最优位置 P_t 的适应值比较，如较好，则将其作为当前的 P_t；用同样的办法比较整个粒子群的 G_t，如较好，则将其作为当前的 G_t。

④按式（3.11）更新粒子的速度和位置。

⑤如果没有满足终止条件及预设的最大迭代次数和适应值下限值，则返回步骤③；否则，退出算法，得到最优解。

经过粒子群优化操作后，即可获得一个最优策略和最优值（$\hat{\theta}_{T-1}^1,\hat{\theta}_{T-1}^2,\cdots,\hat{\theta}_{T-1}^n,\Gamma^*$）。重复上述过程 N_1 次，可以得到 N_1 组（$w_{T-1,i},x_{T-1,i}^1,x_{T-1,i}^2,\cdots,x_{T-1,i}^n$）和与之对应的 N_1 组最优策略和最优值（$\hat{\theta}_{i,T-1}^1,\hat{\theta}_{i,T-1}^2,\cdots,\hat{\theta}_{i,T-1}^n,\Gamma_{i,1}^*$），$i = 1,2,\cdots,N_1$。

3.2 基于最小二乘支持向量机预测的参数估计

3.2.1 最小二乘支持向量机

普通向量机 SVM 具有良好的泛化能力，在训练时总能找到全局最优解，因而得到了广泛的应用。然而普通 SVM 的训练是一个有约束的二次规划问题且约束数目等于样本容量，当样本容量较大时，训练时间有时会太长而难以接受。最小二乘支持向量机正好克服了上述诸多缺点，LS－SVM 的训练只需要求解一个线性方程组，使支持向量机易于实现，并极大地提高了训练效率，该算法描述如下：

对于给定的数据集合 $T=\{(X_i,y_i),i=1,2,\cdots,k\}$，构造回归函数：

$$f(x)=W^T\varphi(x)+b \tag{3.12}$$

使得样本对应的函数值能够用$f(x)$ 近似。非线性映射 $\varphi(x)$ 把输入数据映射到一个高维特征空间。最小二乘支持向量机回归算法就是解下面的优化问题：

$$\begin{gathered}\min J(w,e)=\frac{1}{2}\|w\|^2+\gamma\sum_i^l e_i^2\\ s.t.\ \ y_i=w^T\varphi(x_i)+b+e_i,i=1,\cdots,l\end{gathered} \tag{3.13}$$

其对偶问题的拉格朗日多项式为：

$$L(w,b,e,\alpha)=J(w,e)-\sum_{i=1}^l\alpha_i\{W^T\varphi(x)+b+e_i-y_i\} \tag{3.14}$$

其中，α_k 为拉格朗日乘子。最优解的条件为

$$\begin{cases}\dfrac{\partial L}{\partial w}=0\rightarrow w=\sum\limits_{i=1}^l\alpha_i\varphi(x_i)\\ \dfrac{\partial L}{\partial b}=0\rightarrow-\sum\limits_{i=1}^l\alpha_i=0\\ \dfrac{\partial L}{\partial e_i}=0\rightarrow\alpha_i=\gamma e_i\\ \dfrac{\partial L}{\partial \alpha_i}=0\rightarrow w\varphi(x_i)+b+e_i-y_i=0\end{cases} \tag{3.15}$$

转化成如下的线性方程组

$$\begin{bmatrix} I & 0 & 0 & -Z^T \\ 0 & 0 & 0 & -\vec{1}^T \\ 0 & 0 & \gamma I & -I \\ Z & \vec{1} & I & 0 \end{bmatrix}\begin{bmatrix} w \\ b \\ e \\ \alpha \end{bmatrix} = \begin{bmatrix} 0 \\ 0 \\ 0 \\ y \end{bmatrix} \tag{3.16}$$

$Z = [\varphi(x_1), \varphi(x_2), \cdots, \varphi(x_l)]^T, e = [e_1, e_2, \cdots, e_l]^T, y = [y_1, y_2, \cdots, y_l]^T, \vec{1} = [1, \cdots, 1]^T, \alpha = [\alpha_1, \alpha_2, \cdots, \alpha_l]^T$。消去 e 和 w，得到只与 α 和 b 有关的方程组如下：

$$\begin{bmatrix} 0 & \vec{1}^T \\ \vec{1} & \varphi(x_i, x_j) + \gamma^{-1} I \end{bmatrix}\begin{bmatrix} b \\ \alpha \end{bmatrix} = \begin{bmatrix} 0 \\ y \end{bmatrix} \tag{3.17}$$

解上述线性方程组求得 α 和 b，即可得到所求的回归函数为：

$$f(x) = \sum_{i=1}^{l} \alpha_i \varphi(x, x_i) + b \tag{3.18}$$

3.2.2　资产收益率的影响因子

本章重点考虑微观经济层面的变量对其超额收益率的影响，选定对收益率有影响的多因素为支持向量机的输入变量进行预测，然后将预测结果作为下阶段递阶决策的资产收益率，在考虑交易成本的情况下进行动态投资组合优化得到最终的资产配置结果。具体而言，本章选择的自变量及其依据如下：

（1）研究表明上市公司规模大小、换手率、市盈率及市净率等因素与资产收益率高度相关，换手率与收益存在显著正相关，低市盈率组合与收益存在一定的正相关，市值越小，预期的未来收益率可能更高。一般而言，小市值上市公司未来的发展可能更快、回报更高并且同时也会面临更大的风险。Fama 等人的研究发现收益价格比和账面市值比也是影响资产收益率的重要因素，这两个变量都是用来反映股票的相对价值的，如果股票价格相对于其他股票每股收益和账面市值过低，那么其价值很有可能被低估，相反则可能被高估。国内研究人员引入换手率、市盈率在 CAPM 模型的基础上改进了单因素模型，这样一来便能够较好地解释中国股票市场数据，他们还用实证分析了我国股市短期内存在显著的动量效应。动量效应指前期上涨或下跌的股票其下一周期会仍然保持上涨或下跌；反转效应指的是前期上涨或下跌的股票下一期会下跌或上涨，它反映同一上市公司的股票在不同时期的输赢状况会相互转化，资产的收益率会随着动量周期的不同显现出一定规律的变化，从而没有持续的赢家和持续的输家。因此，规模因素、换手率、市盈率、收益价格比、账面市值比、前期收益率的动量因子都是可以用来解释资产收益率的重要变量。本章将滞后一个月的收益率作为动量或反转因子。

(2) 考虑到行业差异最终还是会在上市公司财务报表中得到反映，本章考虑的主要财务指标为：反映公司偿债能力的流动比率、速动比率和资产负债率；反映营运能力的应收账款周转率和总资产周转率；反映盈利能力的销售利润率和总资产净利率。此外，还有反映公司发展能力的资本积累率、净资产收益率增长率和总资产增长率。这些变量都可能和股票未来收益率有关，因此本章将这些变量都纳入解释变量的选择范围。

3.3 实证研究

本章选择沪深300指数为目标指数，以其成分股作为被选股票，选取研究时段为2010年3月8日到2010年7月30日的日数据作为训练样本，选三个阶段2010年7月31日到2010年8月30日、2010年8月31日到2010年9月30日、2010年10月1日到2010年10月31日作为支持向量机不同阶段的预测样本，首先通过基于统计定价的股票估值模型对成分股进行预选，选取投资价格相对低估的即采用统计定价模型选出的5只有代表性的股票作为研究对象。然后，采用本章描述的最小二乘支持向量机方法进行预测，分别得到三个不同阶段内资产收益率的预测值，最后根据多阶段动态投资组合模型构造现货投资组合，并与等比例资产分配法、市值加权分配法和沪深300指数相比较以便测试其优越性能和超越指数的表现，试图说明动态投资组合策略的科学性和可行性。

3.3.1　预优化处理

根据本章上述资产收益率因子的分析，确定选取变量流通 A 股、营业利润率、基本每股收益、每股净资产、净资产收益率、每股经营现金流、资产报酬率、总资产增长率和每股资本公积作为股票统计定价的自变量，选取训练期间第二季度的季报数据作为建模数据，以沪深 300 成分股在该季度平均价作为因变量的观测值，以第三季度的季报数据为测试样本。运用 SPSS 进行回归，考虑多重共线性和异方差性及剔除掉冗余变量后得到统计定价模型的样本回归方程为：

$$\hat{P} = 22.399 - 5.338 \times X_1 - 15.628 \times X_2 + 185.012 \times X_3 \tag{3.19}$$

其中，建模数据均经过归一化处理，X_1 代表流通 A 股，X_2 代表净资产收益率，X_3 代表资产报酬率，$\hat{P}$ 代表股票价格，上述拟合方程的 R - squre 为 0.867952，拟合效果很好。由此通过统计定价模型预优化得到的 5 只被低估的股票分别是：中色股份、潞安环能、山西汾酒、辰州矿业和中国太保。

3.3.2　最小二乘支持向量机预测

本章采用基本面分析和技术面分析相结合的方法进行支持向量机预测。基本面分析的理论假设一种证券在任何时候都有一个内在价值即均衡价格，该价值是由证券的盈利潜力决定的。这种盈利潜力决定于下列因素：宏观经济、行业前景、公司业绩、财务结构、投资者心理因素等。技术面分析是根据证券市场的历史数据来预测证券价格未来变动。综合以上情况和资产收益率因子的分析结果，选用的输入变量为：日最高价、日最低价、日开盘价、日成交量、日成交金额、换手率、A 股流通市值、市盈率、市净率和市销率，以滞后一个月的 30 日均价作为输出变量进行最小二乘的 SVM 回归预测。结果表明运用最小二乘 SVM 回归无论是预测的准确性还是稳定性，其预测效率大大提高。其中个别资产的收益率有比较大的偏差，可能来自一些不规则和突发事件的影响，在综合分析预测结果的基础上通过德尔菲法做了进一步调整，表 6 列出了采用最小二乘支持向量机预测得到的 5 只股票在三个不同阶段的收益率。

表6 采用最小二乘支持向量机预测得到的5只股票在不同阶段的收益率

时间	中色股份	潞安环能	山西汾酒	辰州矿业	中国太保
第一阶段	0.256	-0.023	0.131	0.307	0.043
第二阶段	0.152	-0.036	0.185	0.167	-0.104
第三阶段	0.768	0.549	0.013	0.327	0.217

3.3.3 动态投资组合的参数和优化结果

粒子群优化算法运行参数设定为种群规模为40，最大迭代次数300，速度更新参数均为1.49445，个体和速度的最大最小值分别为2，-2，0.5，-0.5；神经网络的结构采用100-15-1的3层网络结构，初始连接权值选择［-2.5，2.5］之间的随机数；BP算法的学习速率为0.4，惯性率为0.8，训练函数采用Levenberg-Marquardt算法对网络进行训练，训练循环终止条件为输出精度达0.001或训练步数达到最大训练步数1000步。优化方程中的参数设置为：初始财富按1个单位核算，预期风险控制在0.05的水平，各资产投资比例的上限和下限统一为0.5和0.005，固定交易费率是0.003，资金配置的敏感因子ρ为0.3，各资产收益率的期望值根据30日均价增长率换算得到，收益率的预测值通过最小二乘支持向量机连续外推获得。在充分考虑优化模型的非凹非凸特性和非线性约束后，最终采用粒子群优化和神经网络的混合智能算法求解得到不同阶段的投资策略。表7列出了三个阶段不同资产的分配情况和总收益以及超越沪深300指数的表现。其中，调和因子$\lambda=0.333$，不同阶段各资产的分配情况和本阶段的交易费以及收益率用七元组$\{x_1^t,x_2^t,x_3^t,x_4^t,x_5^t,c^t,r^t\}$，$t=1,2,\cdots,k$表示，$x_i^t$为$i$资产在$t$阶段的投资份额，$c^t$为$i$资产在$t$阶段产生的交易费，$r^t$为$i$资产在$t$阶段的收益，七元组中资产按中色股份、潞安环能、山西汾酒、辰州矿业和中国太保的顺序依次排列。从表中不难看出，采用多阶段动态投资组合策略在绝对收益率、超额收益即超越沪深300指数方面都优于等比例资产分配法和市值加权分配法的持有到期策略，实证研究表明本章提出的动态投资组合模型相比其他组合持有到期的策略收益率更高，相对风险更低，进一步验证了动态调整策略要优于静态持有策略。

表 7　三种投资组合在不同阶段的业绩表现以及总收益

组合类别	第一阶段	第二阶段	第三阶段	超越沪深 300 指数	总收益
动态组合	{0. 2886, 0. 0526, 0. 1048, 0. 4765, 0. 0774, 0. 0030, 0. 2330}	{0. 2687, 0. 0603, 0. 5638, 0. 2536, 0. 0603, 0. 0022, 0. 1463}	{0. 6712, 0. 4716, 0. 0674, 0. 0705, 0. 0674, 0. 0045, 0. 5985}	0. 8484	0. 9778
等比例法	{0. 2000, 0. 2000, 0. 2000, 0. 2000, 0. 2000, 0. 0030, 0. 1398}	{0. 2512, 0. 1954, 0. 2262, 0. 2614, 0. 2086, 0. 0000, 0. 09495}	{0. 3929, 0. 3073, 0. 2029, 0. 2855, 0. 2453, 0. 0000, 0. 4388}	0. 5449	0. 6740
市值加权法	{0. 0469, 0. 3071, 0. 1563, 0. 0414, 0. 4483, 0. 0030, 0. 05442}	{0. 0591, 0. 3000, 0. 1768, 0. 0541, 0. 4675, 0. 0000, – 0. 0087}	{0. 0679, 0. 2892, 0. 2095, 0. 0631, 0. 4189, 0. 0000, 0. 3252}	0. 2415	0. 3709

3.4　本章小结

本章研究了多阶段资产组合选择的最优化问题，运用极大极小的原则和最小二乘支持向量机预测的方法构造了一类典型的证券投资组合优化模型，并将交易费引入极大极小模型中，借助粒子群优化和神经网络的智能算法得到相应优化问题的最优投资策略。实证分析表明基于最小二乘支持向量机预测的多阶段动态投资组合相比其他组合性能更优，收益率更高，风险承受能力更强，综合收益/风险指标也比较高。然而，由于投资者对风险态度和预期收益的满意程度不同以及投资者的异质信念，投资者既可能厌恶风险也可能厌恶损失，既追求资金安全又追求高风险以获取高收益，投资者更愿意出于特定投资目的而投资于金字塔形层状结构的资产组合。因此，在考虑投资者有限理性的基础上，进一步开展连续时间的带有主观预期收益和风险偏好的动态投资组合选择问题的研究将是一个值得研究的领域，相关研究亟待进一步深入。

第四章　随机环境下的连续时间最优资产组合选择

4.1　连续时间金融的数学基础

随机最优控制理论是控制理论的一个重要分支，它是研究包含随机过程、随机信号、随机噪声和随机特性的系统控制理论。设 (Ω,F,P) 为一概率空间，$\{W_t,t\geqslant 0\}$ 为其上的 N 维 Wiener 过程，$F_t=\sigma(W_s,0\leqslant s\leqslant t)$，一般连续时间随机控制系统可表示为 $dx_t=g(t,x,u)dt+\sigma(t,x,u)dW_t$，其最优控制问题通过给定性能指标（价值函数）$J(u)$ 来说明。性能指标 $J(u)$ 通常表示为 $J(u)=E\left\{\int_0^T f[t,x,u]dt+\varphi(T,x(T))\right\}$，随机最优控制就是通过选择 $u(t)$，使性能指标达到最小，后来被广泛应用于金融经济学领域。Merton 使用伊藤随机分析方法和贝尔曼开创的动态规划方法开启了连续时间投资组合理论，研究了在不确定环境下，资产价格服从布朗运动驱动的随机过程，投资者使其消费效用或终止财富效用最大化的连续最优投资组合决策，开启了动态资产组合选择问题研究和连续时间金融方法论的新时代。资产组合选择问题研究吸引了众多学者从静态模型转向动态模型，研究不断深入，扩展了资产组合选择的研究领域，丰富了投资组合的研究内容，增强了其指导实践的意义。

本章详细研究了连续时间意义下的基于随机动态规划的资产配置策略，运用随机控制论的方法，提出了投资者资产组合选择的一般理念，构建了连续时间下的资产组合优化和非系统性风险分散的投资模型，以期帮助投资者获得最大限度的投资回报。从某种意义而言，只有正确地构建具有较高投资收益性的投资组合，不断提高对投资组合选取和管理能力，才能尽可能地提高证券投资组合的收益率并消除和分散投资组合的非系统性风险，使得在竞争日趋激烈的证券投资市场中立于不败之地。因此，深入研究现代资产组合理论，联系我国的实际情况，探讨这些理论在我国的应用前景，运用新的方法对上述理论与方法进行改进，进而提高资产组合水平，增强风险防范能力，无疑大有裨益。

在随机控制问题的讨论中，HJB 方程直接关系到最优控制的存在及求解，记 $V(t,x) = \max\limits_{u^*(*)} E\left\{\int_0^T f(t,x,u)dt + \varphi(T,x(T))\right\}$，由动态规划的贝尔曼原理知，$V(t,x) = \max\limits_{u^*(*)} E\{f(t,x,u)dt + V(t+dt,x+dx)\}$ 为 $J(u)$ 的指标函数（价值函数）方程。由 Ito 公式得

$$V(t+dt,x+dx) = V(t,x) + V_t(t,x)dt + V_x(t,x)dx + 0.5V_{xx}(t,x)(dx)$$
$$= V(t,x) + V_t(t,x)dt + V_x(t,x)g(t,x,u)dt + V_x(t,x)\sigma(t,x,u)dW_t + 0.5V_{xx}(t,x)(\sigma)^2(t,x,u)dt$$

因此有

$$V(t,x) = \max_{u^*(*)} E\left\{\begin{array}{l} f(t,x,u)dt + V(t,x) + V_t(t,x)dt + V_x(t,x)g(t,x,u)dt \\ + V_x(t,x)\sigma(t,x,u)dW_t + 0.5V_{xx}(t,x)(^{\sigma})2(t,x,u)dt \end{array}\right\}$$

即 $0 = \max\{f(t,x,u) + V_t(t,x) + V_x(t,x)g(t,x,u)$

$$+ 0.5V_{xx}(t,x)\ (\sigma)^2(t,x,u)\}\ V(T,x(T)) = \varphi(T,x(T)),$$

该式即为 HJB 方程。其中，V_t 表示 $\frac{\partial v}{\partial t}$，$V_x$ 表示 $\frac{\partial v}{\partial x}$，$V_{xx}$ 表示 $\frac{\partial v^2}{\partial x^2}$。

一般的投资组合优化模型都是用效用函数最大化为目标函数来研究问题，按照收益与风险的关系，效用函数可划分为保守型效用函数、冒险型效用函数和中立型效用函数，常见形式有定常风险厌恶效用函数、递增风险厌恶效用函数和递减风险厌恶效用函数等几种。这里假设了投资者的效用函数为凹性，即假定了投资者是风险规避型的，金融分析方法中常用能够体现风险规避特征的双曲绝对风险厌恶函数族的效用函数来表示。对给定的效用函数 $\varphi(t,x)$，最优资产组合选择的目的就是寻找最优控制 $\pi^*(*)$ 和 $\theta^*(*)$ 和函数 $V(t,x)$ 使 $V(t,x) = \max E[\varphi(t,x)]$ 达到最大，从而得到最优策略的解析表达式和有效前沿。

4.2　问题的提出及模型的建立

传统连续时间投资组合理论的研究大都围绕于布朗运动所刻画的微分方程来讨论，且假定方程中的收益率均值和方差是不变的。然而，在现实证券市场中，证券收益具有非常强的时变特性，决策的可能结果常常不止一种，直接导致大量不确定性产生，使得连续时间投资组合理论构造的投资模型并不能很好地反映实际情况，从而进一步导致了连续时间投资组合理论在现实环境中的适应性不足。本章正是在充分研究证券市场的这些特性后，采用 GARCH 族模型来估计时变参数，通过预测变量的连续化、时变递推决策规则的动态化来反映未来资产收益率的预期变化，在考虑预测关系和预测变量值不确定的情况下，运用具有预测关系的条件自回归模型，提出了依赖均值回复特征的多资产连续时间资产组合选择问题的解决方法，给出了不同投资期下各种不同风险资产配置的最优解。同时，运用随机控制论方法和贝尔曼最优方程，给出了投资者通过大类资产组合配置策略分散非系统性风险的一般方法，从而为投资者获得更大限度的投资回报提供了更稳健的组合管理手段。

本章构建的连续时间最优资产组合选择模型，确切地说就是投资者在财富动态随机方程和投资机会集的条件约束下，选择最优投资组合使自己的终期财富的期望效用最大。最早这方面的研究要归功于 Samuelson 和 Fama，他们分别于在（1969）年和（1970）年中研究了离散时间的投资消费问题。本章在认识到传统资产配置理论的不足之后，试图对模型进行改进，增加各种约束，提升非线性预测水平，以使资产配置模型能更接近实际问题。考虑风险资产和无风险资产两种资产以及多种风险资产的投资组合问题，在假定基于财富效用函数边际效用递减的情况下，运用贝尔曼最优性原理及 HJB 方程构造了一类典型的资产组合选择模型，通过积极管理、优化配置和主动调整投资组合，谋求投资组合资产最大限度地保值增值。

4.2.1　效用的定义

效用是丹尼尔·伯努利提出的，其主要目的是挑战以金额期望值作为决策的标准，后来被经济学家广泛引用于金融经济学领域。丹尼尔·伯努利在1738年的论文里对这个悖论的解答主要包括两条原理：（1）边际效用递减原理，一个人对于财富的占有多多益善，即效用函数一阶导数大于零；随着财富的增加，满足程度的增加速度不断下降，效用函数二阶导数小于零。（2）最大效用原理，在不确定和风险条件下，个人的决策行为准则是为了获得最大期望效用值。期望效用函数的理论是研究资产组合选择模型的重要方法，可以充分描述资产价格在随机环境下的概率分布情况，具有良好的数学性质。基于效用函数的投资组合选择模型在构造解析解的方面具有无比的优越性，通常能够提供独到的分析经济问题的视角，是研究资本资产定价、投资组合的有力工具以及分析金融经济问题的重要手段。

本章假设投资者的效用函数为风险规避型，采用微观金融分析中的双曲绝对风险厌恶函数族的幂效用函数来表示投资者效用的偏好结构，它能够比较简单和直观地描述投资者的风险厌恶特征。

4.2.2 连续时间的资产组合模型

假设证券投资基金初始财富为 X_0，市场上有一种无风险资产和若干种证券可供选择，无风险资产和风险资产的价格过程满足随机微分方程：

$$\begin{aligned} dp_0(t) &= rp_0(t)dt, t \in [0,T] \\ dp_1(t) &= p_1(t)(udt + \sigma dW_t) \end{aligned} \tag{4.1}$$

其中，W_t 表示布朗运动，参数 r 是风险资产的平均收益率，u 和 σ 分别是风险资产的瞬时条件期望收益率和条件风险方差，并假设它们均为常数。

投资管理者在允许卖空的条件下将初始资金分为两部分：一部分投资风险证券，所占比例为 π；剩下部分以 $1-\pi$ 的比例买进无风险证券，则可建立如下的随机微分方程模型刻画投资者在 t 时刻的总财富：

$$\begin{aligned} dX_t &= X_t[(\pi u + (1-\pi)r)dt + \pi\sigma dW_t] \\ X_0 &= x \end{aligned} \tag{4.2}$$

令

$$V(t,x) = \max E_t[U(x)] \tag{4.3}$$

式中 $U(x)$ 为给定的效用函数，E_t 表示起始时间为 t 的条件期望算子，显然，最优投资策略为寻找合适的 $\pi^*(*)$ 使得式（4.3）在满足式（4.2）刻画的财富随机微分方程的条件下达到最大值。即：

$$\begin{cases}\max E_t[U(x)] \\ dX_t = X_t[(\pi u + (1-\pi)r)dt + \pi\sigma dW_t] \\ X_0 = x\end{cases} \tag{4.4}$$

4.3　最优投资策略

4.3.1　模型求解

下面运用贝尔曼最优性原理及 HJB 方程来对最优的投资组合策略进行研究，求解其最优投资问题显式解。上述优化问题对应的 HJB 方程为

$$0 = V_t + \max_{\pi(*)}\left\{V_X[\pi u + (1-\pi)r]x + \frac{1}{2}V_{xx}\pi^2\sigma^2x^2\right\} \tag{4.5}$$

终止条件为：$V(t,x) = U(x), V(t,0) = U(0)$

根据贝尔曼最优性条件得到

$$\pi(t,x) = -(u-r)V_x/(V_{xx}\sigma^2 x) \tag{4.6}$$

将式（4.6）代入上面的 HJB 方程（4.5）可得

$$V_t + rxV_x - (u-r)^2\frac{V_x{}^2}{2\sigma^2 V_{xx}} = 0 \tag{4.7}$$

对于上面的微分方程，应用待定系数法，令解具有下面形式

$$V(t,x) = A(t)x^\alpha \tag{4.8}$$

其中，$0 < \alpha < 1$，代表风险容忍度，表示对风险厌恶的程度。

由此得到值函数表达式

$$V(t,x) = e^{\left[r\alpha - \frac{(u-r)2\alpha}{2\sigma^2(1-\alpha)}\right](T-t)}x^\alpha,\ 0 < \alpha < 1 \tag{4.9}$$

最优投资策略的解析解为

$$\pi^*(t) = \frac{u-r}{\sigma^2(1-\alpha)} \tag{4.10}$$

最终财富的均值与方差分别为

$$Ex(t) = x_0 e^{At}$$
$$Varx(t) = x_0{}^2(e^{B^2t} - 1)e^{2At} \tag{4.11}$$

其中：

$$A = \pi^*(t)u + (1 - \pi^*(t))r$$
$$B = \pi^*(t)\sigma$$

由此可以求得最优投资组合的有效边界。

4.3.2 结果讨论

（1）如果 $\pi^*(t)X_0 = \dfrac{u-r}{\sigma^2(1-\alpha)}X_0 \leqslant X_0$，则按比例为 $\pi^*(t) = \dfrac{u-r}{\sigma^2(1-\alpha)}$ 投资于风险证券，投资于无风险资产的资本应该是 $X_0 - \dfrac{u-r}{\sigma^2(1-\alpha)}X_0$，这样可使得投资者财富效用在 t 时末达到最大。

（2）如果 $\pi^*(t)X_0 = \dfrac{u-r}{\sigma^2(1-\alpha)}X_0 > X_0$，则投资于无风险资产的资本应该是 $X_0 - \dfrac{u-r}{\sigma^2(1-\alpha)}X_0 < 0$，说明投资者应该向银行借款 $\dfrac{u-r}{\sigma^2(1-\alpha)}X_0 - X_0$ 一并投资于风险资产，可使得投资者财富效用在 t 时末达到最大。代表这类型的投资者可谓是激进型的投资者，他们愿意借入资金，投资于一个最优风险资产组合，以达到完整的资产组合期望收益最大。

（3）基金分离定理表明在组合的有效边界上任意其他的点所构成的有效投资组合，均可由通过其他两个分离的点的线性组合表示，投资者可对投资前沿上的切点资产组合进行投资。但 Canner 等人研究得出的结论并不完全与基金分离定理一致，即股票配置比例随风险厌恶的增加而降低、低风险债券等品种的持有比例将随时间的变化和投资者的风险水平变化而变化。从表达式 $\pi^*(t) = \dfrac{u-r}{\sigma^2(1-\alpha)}$ 不难看出，如果 $0 < \alpha < 1$ 且不断减小，则 $\pi^*(t)$ 也随着减小，即风险容忍度越小，风险厌恶程度越大，持有风险资产的比例越小、无风险资产的比例越大，组合的无风险资产与风险资产的比率越大，也就是说，组合中无风险资产与风险资产的比率会随着投资者

的风险厌恶水平增加而增加，从一定程度上解释了 Canner 难题①。事实上，投资者在构建投资组合时，还在很大程度上受到投资者主体行为和心理因素的影响，现实中大部分投资者由于对资产的风险程度有不同认识，他们在投资中会构建多个基于不同风险级别的投资组合，正如 Shefrin 和 Statman (2000) 行为资产组合理论指出的那样，现实中大部分投资者由于对资产的风险程度有不同认识以及具有不同的投资目标而形成一种金字塔状的行为资产组合，金字塔每一层的资产都与某一特定的目标和风险态度相联系，投资者会把投资组合放入两个甚至多个心理账户中，这样可以有效降低决策的复杂性和执行的难度，上述最优投资组合策略在一定程度上也验证了行为金融学的某些思想。

4.3.3 模型的扩展

上述模型只是包含风险资产和无风险资产的二元结构投资组合问题。然而，在实际的投资过程中，除了大类资产配置外，还要涉及具体行业及个股之间的资产优化问题，为此，下面给出更一般化的投资组合优化模型，即资金在 N 种风险资产间的配置方法。假设在一个完备市场中，市场上有 N 种风险资产可供选择，其中风险资产的价格过程满足随机微分方程：

$$dp_i(t) = p_i(t)(u_i dt + \sigma_i dW_i), i = 1,2,\cdots,n \tag{4.12}$$

其中，$W(t) = (W_1(t),\cdots,W_n(t))$ 是相互独立的一维布朗运动，u_i 是第 i 种证券瞬时条件期望收益率；σ_i 是第 i 种证券瞬时条件风险方差，并将设它们均为常数。

假设证券投资基金初始财富为 X_0，投资管理者在允许卖空的条件下将初始部分分为 N 部分：每部分所占比例为 π_i，则如下的随机微分方程可以描述投资者在 t 时刻的总财富：

$$\begin{aligned} dX_t &= X_t\left[\sum_{i=1}^{n}(\pi_i u_i)dt + \sum_{i=1}^{n}(\pi_i\sigma_i)dW_t\right] \\ X_0 &= x \end{aligned} \tag{4.13}$$

① The advices of popular investment advisors are apparently inconsistent with the Separation Theorem; it is the so-called Canner Puzzle. 通常的投资建议和两基金分离定理之间存在较大差异，这就是著名的 Canner 难题。

显然，最优投资策略为寻找合适的 $\pi^*(*)$ 在满足式（4.13）刻画的财富随机微分方程的条件下使得投资者的财富效用达到最大值。即，

$$\begin{cases}\max E_t[U(x)] \\ dX_t = X_t\left[\sum_{i=1}^{n}(\pi_i u_i)dt + \sum_{i=1}^{n}(\pi_i\sigma_i)dW_t\right] \\ X_0 = x\end{cases} \tag{4.14}$$

该优化问题对应的 HJB 方程为

$$0 = V_t + \max_{\pi(*)}\left\{V_X\left[\sum_{i=1}^{n}(\pi_i u_i)\right]x_t + \frac{1}{2}V_{xx}\sum_{i=1}^{n}(\pi_i\sigma_i)^2 x_t^{\ 2}\right\} \tag{4.15}$$

终止条件为：$V(t,x) = U(x), V(t,0) = U(0)$，这里仍然令 $V(t,x) = A(t)x^{\alpha}, 0 < \alpha < 1$。运用贝尔曼最优性条件，相应的问题变成如下带有约束的最优化问题，即，

$$\begin{aligned}&\max\left[\alpha\sum_{i=1}^{n}(\pi_i u_i) + \frac{1}{2}\alpha(\alpha-1)\sum_{i=1}^{n}(\pi_i\sigma_i)^2\right] \\ &s.t.\ \sum_{i=1}^{n}\pi_i = 1\end{aligned} \tag{4.16}$$

利用拉格朗日函数方法求优化问题的解，经过计算得到：

$$\pi_i = \frac{(\alpha-1)\prod_{i=1}^{n}\sigma_i^2 + \sum_{i=1}^{n}u_i f(\sigma_i) - u_i\sum_{i=1}^{n}f(\sigma_i)}{(\alpha-1)\sigma_i^2\sum_{i=1}^{n}f(\sigma_i)}$$

其中，$f(\sigma_i) = \dfrac{\prod_{i=1}^{n}\sigma_i^2}{\sigma_i^2}$ 由此得到各风险资产的投资比例 π_i 使得投资者的效用函数在 t 时刻取得最大值。

4.3.4　模型时变参数的 GARCH 估计

传统投资组合理论在描述金融资产价格的模型中，通常假定价格服从正态分布和其波动是不随时间变化的常数。越来越多的研究发现这些随机变量的分布出现尖峰厚尾的现象而不符合正态分布且序列呈现聚集的现象。这些现象表示出用不变方差模型来刻画金融数据是不合适的，传统连续时

间投资组合模型也没有脱离这个范围来展开研究，没有把证券投资市场的时变性和异方差性以及未来的不确定性全面描述出来。大量的实证结果表明，收益率的方差是时变的、不是恒定的，有着显明的聚类性。GARCH 族模型是反映市场时变特点常用的波动率模型，能够有效地分辨和捕捉资产收益率波动的聚类和异方差现象。对于这一特征，目前，研究人员常用广义自回归条件异方差（GARCH）模型来描绘它。设 σ_t 为 R_t 在 $t-1$ 时刻的条件方差，那么 GARCH（p，q）模型对 r_t 和 σ_t^2 表述为：

$$\begin{cases} r_t = \mu + \varepsilon_t, \varepsilon_t \mid I_{t-1} \sim N(0, \sigma_t^2) \\ \sigma_t^2 = \omega + \sum_{i=1}^{p} \beta_i \sigma_{t-i}^2 + \sum_{j=1}^{q} \alpha_j \varepsilon_{t-j}^2 \end{cases} \quad (4.17)$$

其中 $r_t = \ln(P_t) - \ln(P_{t-1})$，$\mu$ 为收益率序列的均值，I_{t-1} 是 t 时刻以前的所有信息集合，$\varepsilon_t \mid I_{t-1} \sim N(0, \sigma_t^2)$ 表示 ε_t 的条件分布服从均值为 0 方差为 σ_t^2 的正态分布。本章最终选用 EGARCH 模型来刻画 A 股市场的这种非对称变化，即：

$$\ln(h_t) = \alpha_0 + \sum_{i=1}^{q} (\alpha_i \left| \frac{\varepsilon_{t-i}}{\sqrt{h_{t-i}}} \right| + \lambda_i \frac{\varepsilon_{t-i}}{\sqrt{h_{t-i}}}) + \sum_{j=1}^{p} \theta_j \ln(h_{t-1}) \quad (4.18)$$

相比于标准的 GARCH 模型有两个优势即信息不对称的影响和采用对数的转换形式，与残差的大小和系数的符号无关，确保条件方差的非负性。

4.4 算例

本章选取 A 股市场上 3 只股票山西汾酒、同仁堂和中国太保为研究对象，以 2009 年 5 月 8 日到 2009 年 8 月 10 日数据为样本，分别对它们的收益率和波动率进行了分析，以 AIC 和 SC 为标准可以发现，ARMA（1，1）模型和 EGARCH（3，1）模型能够比较合理的反映各只股票的走势情况，通过 GARCH 族模型分别得到其时变的收益率和波动率数据，代入连续时间投资组合模型即可得到最优资产选择结果并与等比例资产分配法和市值加权分配法相比收益率更高，相对风险更低，说明采用本章提出的资产组合选择方法具有一定的科学性和实用性。具体结果如下，鉴于篇幅有限，这里只列出了山西汾酒的 GARCH 族估计方程。其中收益率方程为：

$$r_t = 0.007608 + 0.142223 r_{t-1} - 0.041677 \varepsilon_{t-1} \tag{4.19}$$

波动率方程为：

$$\ln(h_t) = -0.723269 - 0.630167 \left| \frac{\varepsilon_{t-1}}{\sqrt{h_{t-1}}} \right| - 0.494607 \frac{\varepsilon_{t-1}}{\sqrt{h_{t-1}}} - 0.078976 \ln(h_{t-1}) + 0.261819 \ln(h_{t-2}) + 0.634594 \ln(h_{t-3}) \tag{4.20}$$

通过 ARMA（1，1）模型和 EGARCH（3，1）模型预测得到山西汾酒、同仁堂和中国太保 3 只股票的时变收益率和波动率向量按顺序分别为：[3.8773，0.2443，0.2553]，[0.6003，0.5153，0.3627]。连续时间投资组合的资产配置情况以及与等比例分配法和市值加权分配法相比结果如表 8 所示。

表 8　三种方法的资产配置情况及收益和风险比较

组合资产配置情况	连续时间优化	等比例法	市值加权分配法
组合配置比例	1，0，0	0.3333，0.3333，0.3333	0.1016，0.0523，0.846
组合收益	3.880	1.460	0.623
组合风险	0.603	0.493	0.395
单位风险收益	6.430	2.960	1.580
相对风险	0.155	0.338	0.634

随着我国证券投资市场日益完善，证券投资品种日趋丰富，投资者可根据不同投资策略选取不同的投资标的，采用上述最优投资策略进行大类资产配置或者作为不同行业之间资产配置权重的重要参考，在控制风险和保障必要流动性的前提下，获取资产组合的最大化收益。

4.5　本章小结

本章在幂效用函数的假设条件下，讨论了具有随机预算财富约束和极大化期望终止效用的资产组合选择问题。在对资本市场、投资者偏好结构和投资决策过程做特定假设下，基于风险资产价格实际表现出来的时变特征，揭示和解释了动态资产组合决策过程的规律，用随机控制的方法构建了投资组合，得到了资产组合选择最优投资策略的解析表达式，其研究方法对解决实际投资过程中遇到的问题尤其是大类资产配置具有一定的参考价值和启发性，在模型的改进上，考虑不完备市场、带跳金融市场，探索带负债和跳跃项的连续时间模型、包含交易费用的跨期多阶段动态规划等决策模型，进一步开展连续时间的带有主观预期收益和风险偏好的动态投资组合选择问题的研究仍是一个长期努力的方向。本章继承了经典研究成果，注意对其继承与发展的灵活运用，完善并发展了投资组合的构建方法，提高了研究成果的实用性。

第五章　极大极小风险下的跳扩散连续时间资产配置策略

现代金融学先后经历了两次主要的革命，第一次是 Markowitz 、Sharp 和 Linter 开创了资产组合选择的均值方差理论并在此基础上拓展了资本资产定价模型；Samuelson 通过指数布朗运动来刻画股票价格，进一步加快了金融市场理论的发展。Black 和 Scholes 给出了欧式期权定价的显式表达式，发表了著名的 Black - Scholes 公式，促成了金融经济学的第二次革命，在指数布朗运动的微分方程的驱动下，得出了金融衍生资产的期权价格的解析解。Merton 随后运用自融资的套期保值复制策略拓展了 Black 和 Scholes 的期权定价模型，给出了基于无套利思想的期权价格；Cox 等用离散方法提出了二叉树期权定价模型；Harrison 等证明标的资产的贴现价格过程是一个鞅，基于概率论和鞅的思想丰富和发展上述理论，在风险中性测度的情况下得到了期权的价格。很久以来，Markowitz 的投资组合理论以及 Black 和 Scholes 的期权定价模型在指导人们的投资实践中占有举足轻重的地位，这些研究成果将金融学带进了一个全新的理论发展阶段。然而这些理论仅仅假设投资者单时期的风险和收益，假设的基础存在着局限性，由此也导致了一系列不尽人意的结论，而且伴随着金融市场的不断发展，传统的金融理论已不能满足新金融市场的要求。事实上，连续时间的动态投资和短期的单阶段投资的最优资产组合不尽相同。Merton、Samuelson 和 Fama 等人长期、深入的研究告诉人们，投资机会会随时间变化，长期投资者总是关心长期中投资机会所受到的冲击，并希望从中套利。对连续时间下的长期投资要考虑到利率的长期影响，当投资者的风险厌恶变得越来越敏感时，对风险资产的需求不仅受到资产风险溢价的影响，还受到预期收益率与预期远期利率调整的协方差的影响；Viceim（2001）等用 VAR 一阶向量自回归模型来分析长期投资者的投资组合选择问题，研究表明股票收益的可预测性与投资者对于股票投资的需要密切相关，并且长期通货膨胀债券能够增加稳健投资者的效用，保守的长期投资者有一个积极的股票跨期套利需求；彭大衡（2004）考虑了随机过程框架下的最优投资组合问题，用解析的方法推导得出投资的计划期越长，投资者持有的风险资产比例会越大的结论。不难看出，早期有关投资组合理论的研究均没有考虑证券收益具有非常强的时变特性，根据市场不断变化建立多阶段的连续时间模型，增加多种投资约束，解决风险控制和资产负债动态匹配等问题，实现跨期配置均衡乃至连续时间下的动态投资组合优化，从而使模型更符合证券市场的实际情况，有利于实施最佳的组合投资策略。本章就是在资产价格满足连续时间刻画的随机微分方程的背景下，运用随机最优控制和随机分析的方法研究证券投资组合的最优投资策略，充分反映资产价格的动态行为和时变性以及显示投资决策和财富的演进过程，为投资者在不确定环境下实现投资目标并对有限资源进行跨期最优配置提供决策参考。

5.1　连续时间的投资组合决策模型

5.1.1　跳扩散投资组合模型的建立

大量研究发现，证券市场是一个复杂的非线性非高斯分布的有偏随机游动的复杂市场，在市场非有效的前提下，价格不能反映所有的信息时，成交量可能含有价格所不包含的公开或内部的信息，而价格则依赖于信息传播的方式、信息流的广度和速度以及市场的规模大小。因此，成交量是衡量信息流综合性能的一个较好的标准。Wang（1994）考察了价量关系对价格行为的影响，建立了股利和私人投资机会与交易量之间的关系，交易者之间的差异会影响不同的交易以及不同的价量关系，交易量同资产价格绝对变化量和股票红利高度相关；Vayano（1998）建立了交易量的变化和交易成本之间的关系式，给出了交易成本、资产定价和交易量之间的动态均衡关系，证明了股票的交易量与冲击成本、交易成本和其他股票交易成本的相关关系等。本章拟将成交量设为一个影响股价运动的内生变量，用于研究金融市场价量关系的客观特性，从而将成交量问题与资产组合问题紧密地结合起来，进一步研究在综合考虑价量关系的成交额的基础上讨论其非线性的复杂演化过程，提出了一种如何在非有效市场下获取超额收益的投资方法作为决策依据。

假设市场上有 $n+1$ 种证券，其中一种无风险证券，价格满足如下随机微分方程刻画的随机过程：

$$\begin{cases} dS_0(t) = r(t)S_0(t)dt, t \in [0,T] \\ S_0(0) = s_0 \end{cases} \tag{5.1}$$

其中，$r(t)$ 是无风险资产的利率，另外 n 种风险资产价格满足随机过程：

$$\begin{cases} dS_i(t) = S_i(t)[\alpha_i(t)dt + b_i(t)dt + \sum_{j=1}^{l}\sigma_{ij}(t)dW^j(t) \\ \qquad + \sum_{j=1}^{m}\varphi_{ij}(t)dN^j(t)] \\ d\lambda = k(\eta - \lambda)dt + \delta\sqrt{\lambda}dY, \\ S_i(0) = s_i > 0, l + m = n, i = 1,\cdots,n \end{cases} \tag{5.2}$$

其中，$W(t) = (W^1(t),\cdots,W^l(t))'$ 是 l 维标准维纳过程，$N(t) = (N^1(t),\cdots,M^m(t))'$ 是 m 维服从强度为 λ 的泊松过程，其密度函数为 $v(t) = (v_1(t),\cdots,v_m(t))'$，每个分量均大于零且有界，$\lambda$ 服从均值回复的平方根扩散过程，$\alpha_i(t)$ 表示成交量对价格的敏感因子，$b_i(t)$ 表示平均收益率，$\sigma_{ij}(t),\varphi_{ij}(t)$ 为波动率，且 dY,dW 是正交的扩散过程。

假设投资者的初始财富为 X_0，投资者在不允许卖空的条件下进行投资：投资于各风险证券所占比例为 $u_i(t)$；剩余部分买进无风险证券，投资在时刻 $t(t \in [0,T])$ 的总资产为 $X(t)$ 满足如下随机微分方程刻画的随机过程：

$$\begin{cases} dX(t) = \{r(t)X(t) + \sum_{i=1}^{m}[\alpha_i(t) + b_i(t) - r(t)]u_i(t)\}dt \\ \qquad + \sum_{j=1}^{l}\sum_{i=1}^{n}\sigma_{ij}(t)u_i(t)dW^j(t) + \sum_{j=1}^{m}\sum_{i=1}^{n}\varphi_{ij}(t)u_i dN^j(t) \\ d\lambda = k(\eta - \lambda)dt + \delta\sqrt{\lambda}dY, \\ X_0(t) = x_0 \end{cases} \tag{5.3}$$

根据以上假设，考虑到投资者是厌恶风险的，期望获得最大化收益的同时极小化所承担的风险，即投资者的目标是寻找一个最优策略，在满足最终财富的期望值 $EX(t) = d$ 的情况下，同时使得终端财富的风险 $VarX(t)$ 达到最小，也就是求解以下的动态均值—方差最优化问题：

$$\begin{cases} \min E[VarX(T)] = E[^{X}(T) - d]2, \\ s.t.\ E[X(T)] = d, \\ X(t), u_i(t)\ satisfy\ (5.3), \\ u_i(t) \geqslant 0 \end{cases} \tag{5.4}$$

引入 $Lagrange$ 乘子 μ，上述问题可以转化为

$$\begin{cases} \min E[(^{X}(T) - d)2 + 2\mu(X(T) - d)], \\ s.t.\ X(t), u_i(t)\ satisfy\ (5.3), \\ u_i(t) \geqslant 0 \end{cases} \tag{5.5}$$

进而可以转化为如下优化问题

$$\begin{cases} \min \frac{1}{2}E[^{X}(T) - (d - \mu)]2, \\ s.t.\ X(t), u_i(t)\ satisfy\ (5.3), \\ u_i(t) \geqslant 0 \end{cases} \tag{5.6}$$

作变换 $x(t) = X(t) - (d - \mu)$，μ 可反映投资者对风险的厌恶程度，则式（5.3）转化为：

$$\begin{cases} dx(t) = \{r(t)x(t) + \bar{B}(t)u(t) + (d - \mu)r(t)\}dt \\ \qquad + \sum_{j=1}^{l} u(t)'D_j(t)dW^j(t) + \sum_{j=1}^{m} u(t)'F_j(t)dN^j(t) \\ x_0(t) = X_0 - (d - u) \end{cases} \tag{5.7}$$

$$\bar{B}(t) = (\alpha_1(t) + b_1(t) - r(t), \cdots, \alpha_n(t) + b_n(t) - r(t)),$$

其中，$D_j(t) = (\sigma_{1j}(t), \cdots, \sigma_{nj}(t))'$，

$$F_j(t) = (\varphi_{1j}(t), \cdots, \varphi_{nj}(t))'$$

上述优化问题通过嵌入法处理得到标准的随机最优控制问题，其最优解可以通过求解下面 LQ 优化问题来得到：

$$\begin{cases} \min E[\frac{1}{2}x(T)2], \\ s.t.\ \ x(t), u_i(t)\ satisfy\ (5.7), \\ u_i(t) \geqslant 0 \end{cases} \tag{5.8}$$

5.1.2 极大极小风险约束

在 Markowitz 的理论中，风险证券的评价采用预期收益率和收益率方差两项指标。理性的投资行为应在给定风险条件下寻求最大期望收益或在一定期望收益条件下使风险最小，投资者根据自己的风险偏好在有效边界上进行证券组合选择，使其期末的财富效用最大。由于 Markowitz 模型中方差风险测度的不敏感性以及不能有效区分上档风险和下档风险，后来一些研究者对风险的度量方法做了一系列改进，代表性的有收益率的极差、收益率的平均绝对偏差、收益率倒数损失、差异系数以及半方差、模糊方差等；Alexander 和 Baptism（2000）在均值—方差最优化模型的基础上，考察了均值 - VaR 模型的经济含义，构建了均值 - VaR 的有效前沿；曲雷、宋丽平（2003）在均值—方差最优化模型中加入了 VaR 约束，提出了 VaR 约束下的投资决策模型；陈剑利和李胜宏（2004）在 CVaR（条件风险价值）风险计量技术的基础上，建立了均值 - CVaR 模型，给出了模型的算法。以上方法将风险测度方法与均值—方差最优化模型结合到一起，仅考虑了静态资产组合配置的问题，不能够充分体现投资过程中风险的动态抑制作用。因此，本章在连续时间均值—方差的基础上加入了终端的极大极小风险约束，建立了基于极大极小风险约束的动态投资组合模型。由于投资组合的总风险并不具有简单的次可加性，整个投资期内的投资总风险用 t 时期末的极大极小总资产收益的负向偏差来定义，即：

$$w_t = \max_{1 \leqslant t \leqslant T}\{|\min\{0, x(t) - E[x(t)]\}|\} \tag{5.9}$$

风险控制的目的就是使式（5.9）刻画的风险变量尽可能小即 $\min\limits_{u} \max\limits_{1 \leqslant t \leqslant T}\{|\min\{0, x(t) - E[x(t)]\}|\}$，这里设 z_t 表示投资期内预期风险的最坏容忍水平，风险控制就是要求最不利情况下的风险不能超过该阈值。即：

$$\max_{1 \leqslant t \leqslant T}\{|\min\{0, x(t) - E[x(t)]\}|\} \leqslant z_t \tag{5.10}$$

由于式（5.10）显含 $x(t),E[x(t)]$，为此，可通过如下方法得到其具体表述：

令 $\theta(t)=-\dfrac{\bar{B}(t)u(t)}{r(t)}$，式（5.7）可转化为

$$dX(t)=r(t)[\theta(t)-X(t)]dt+u(\tau)'D(\tau)dW(\tau)+\sum_{j=1}^{m}u(\tau)'F_j(\tau)dN^j(\tau) \tag{5.11}$$

根据伊藤定理得到上述随机微分方程的解为

$$X(s)=e^{\int_t^s r(v)dv}[X(t)-X(s)]-\frac{\bar{B}(t)u(t)}{r(t)}+\int_t^s e^{\int_\tau^\varepsilon r(v)dv}u(\tau)'D(\tau)dW(\tau)$$
$$+\int_t^s e^{\int_\tau^\varepsilon r(v)dv}\sum_{j=1}^{m}u(\tau)'F_j(\tau)dN^j(\tau) \tag{5.12}$$

从而可得到其期望：

$$E[X(s)]=e^{\int_t^s r(v)dv}[X(t)-X(s)]-\frac{\bar{B}(t)u(t)}{r(t)}+\int_t^s e^{\int_\tau^\varepsilon r(v)dv}$$
$$\sum_{j=1}^{m}v_j(\tau)u(\tau)'F_j(\tau)d\tau \tag{5.13}$$

综上，最终得到基于极大极小风险约束的跳扩散连续时间投资组合模型为：

$$\begin{cases}\min E[\frac{1}{2}x(T)2],\\ s.t.\ X(t),u_i(t)\ satisfy\ (5.7),\\ \max\limits_{1\leqslant t\leqslant T}\{|\min\{0,x(t)-E[x(t)]\}|\}\leqslant z_t,\\ u_i(t)\geqslant 0\end{cases} \tag{5.14}$$

5.2　基于数值逼近算法的模型求解

5.2.1　HJB 方程

根据随机最优控制理论，运用贝尔曼最优性原理，值函数 $V(x,\lambda)$ 满足

如下 HJB 偏微分方程：

$$\begin{cases} V_t + \min_{u(t)}\{V_x(x,\lambda)[r(t)x(t) + \bar{B}(t)u(t) + (d-\mu)r(t)] \\ + \frac{1}{2}V_{xx}(x,\lambda)u(t)'D(t)D(t)'u(t) + V_\lambda k(\eta - \lambda) + \frac{1}{2}V_{\lambda\lambda}\delta^2\lambda \\ + \sum_{k=1}^{m} v_k(t)[V(x + u_k(t)'F_k(t),\lambda) - V(x,\lambda)]\} = 0, \\ V(x,\lambda) = \frac{1}{2}x^2 \end{cases} \tag{5.15}$$

这里使用待定系数法，假定值函数具有如下形式的解：

令 $V(x,\lambda) = V_0 + \frac{1}{2}V_1x^2 + V_2x + V_3\lambda^{V_4} + V_5x\lambda$ ，则有

$V_x = V_1x + V_2 + V_5\lambda$, $V_{xx} = V_1$, $V_\lambda = V_3V_4\lambda^{V_4-1} + V_5x$, $V_{\lambda\lambda} = V_3V_4(V_4-1)\lambda^{V_4-2}$

其中，V_0,V_1,V_2,V_3,V_4,V_5 为值函数的待定系数。由最优控制问题的一阶必要条件可得最优投资策略为：

$$u^*(t) = -\frac{V_1x + (V_2 + V_5\lambda)}{V_1 \times C(t)}B(t)' \tag{5.16}$$

$$B(t) = \bar{B}(t) + \sum_{k=1}^{m} v_k(t)F_k(t)',$$

其中，

$$C(t) = D(t)D(t)' + \sum_{k=1}^{m} v_k(t)F_k(t)F_k(t)'$$

$$D(t) = (D_1(t),\cdots,D_l(t))$$

将 $V_x,V_{xx},V_\lambda,V_{\lambda\lambda},u^*(t)$ 代入贝尔曼方程，并令其等于 M 即：

$$\begin{aligned} M = &(V_1x + V_2 + V_5\lambda)[r(t)x(t) + \bar{B}(t)u^*(t) + (d-\mu)r(t)] \\ &+ \frac{1}{2}V_1u^*(t)'D(t)D(t)'u^*(t) \\ &+ (V_3V_4\lambda^{V_4-1} + V_5x)k(\eta - \lambda) + \frac{1}{2}[V_3V_4(V_4-1)\lambda^{V_4-2}]\delta^2\lambda \\ &+ \sum_{k=1}^{m} v_k(t)[V(x + u_k{}^*(t)'F_k(t),\lambda) - V(x,\lambda)] \end{aligned} \tag{5.17}$$

5.2.2　数值逼近算法

HJB 方程一般很难求出精确解，只有对于具有良好函数性质的值函数对应的随机控制方程才能得到解析解，尤其对于带约束的 HJB 方程几乎不可能有闭合解，由于本章研究资产价格服从跳跃扩散的非线性和卖空限制约束的均值—方差投资组合选择问题，传统的 Riccati 方程理论就不再适用，经典的偏微分算法由于边值问题很难从约束条件转化得到，而且存在微分格式的特殊约定，比如要求微分算子是 M 矩阵①等，在解决实际问题时存在明显的适应性不足。本章给出基于最小二乘思想的多重网格近似数值逼近算法，具体方法如下：首先确定值函数的具体形式，值函数可根据实际需要通过线性多项式或非线性核函数逼近并用多重网格进行离散化处理；然后将一般的 HJB 方程转化成目标显含格点化值函数的标准最优化问题，其中目标函数可通过基于最小二乘思想的适应性函数合成；最后，通过求解含约束的最优化问题得到原问题的解。本章考虑有限时域的连续时间随机最优化问题，值函数的自变量主要考虑刻画随机运动状态和泊松分布的参数 x,λ，然后将 x,λ 多重网格离散化处理，代入式（5.16）形成一组向量 $\{M_1,M_2,\cdots,M_k\}$，对于极大极小风险的约束在多重网格离散化目标向量的同时也应该离散化，取风险资产收益最不利的情况作为风险考量的约束条件，经过以上处理后，相应的 HJB 方程转化成如下带有约束的最优化问题，通过求解式（5.18）得到最优投资策略。

$$\begin{cases}\min \ \|M\|^2 \\ s.t.\ \ X(t),u_i(t)\ satisfy\ (5.7), \\ \max\limits_{1\leqslant t\leqslant T}\{|\min\{0,x(t)-E[x(t)]\}|\}\leqslant z_t, \\ u_i(t)\geqslant 0\end{cases}\tag{5.18}$$

该问题是一个带有非线性约束的非凹非凸最优化问题，本章使用遗传算法求解得到投资者满意的投资策略。

---

① 如果 n 阶矩阵 A 满足条件（1）a［ij］不等于0，j 不等于 i；（2）矩阵 A 的逆大于0，则称 A 为 Minkovski 矩阵即 M 矩阵。

5.3 基于神经网络预测的参数估计

神经网络的应用领域极其广泛，它具有的自学习和自适应能力是传统的人工智能系统望尘莫及的。神经网络技术能对不完整信息进行补全和更新，根据已学会的知识和处理问题的经验对复杂问题作出合理的判断决策，对未来过程可作出有效的预测和估计，从而给出较满意的解答。它是处理和解决包括自适应均衡、模式分类、系统辨识、信号检测、自然语言处理、逻辑推理、模糊评判、市场分析、预测估值等复杂非线性问题的强有力工具。神经网络并不必须满足数据正态分布假定及大样本要求，经过反复训练就可有效地提取市场上能够反映资产收益和风险的有用信息，并能利用其独特的启发式算法和识别系统很好地估算出影响市场变化和投资决策的重要变量。本章主要利用神经网络出色的非线性逼近能力，通过基本面分析和技术面分析的各种指标对股价进行预测，从而得到优化方程中所需要的各主要参数估计。其中，刻画股价运动的随机方程中的参数：成交量敏感因子用平均换手率替代；资产的平均收益率和波动率由股票5日均价和当天的收盘价移动平均合成；资产跳跃的波动率和其密度函数由股票前一天的最高价和当天的最低价的正差值及其一阶差分得到。考虑到证券市场普遍具有尖峰厚尾和非线性有偏特性，随机微分方程刻画的几何布朗运动的股价扩散方程容易产生变结构问题。因此，本章先采用神经网络算法选一定时域的样本进行拟合，然后选另一时域的测试样本进行外推从而得到最终的参数估计值。

5.4 实证研究

本章选择沪深300指数为目标指数，以其成分股作为被选股票，选取研究时段为2010年3月8日到2010年9月30日的日数据作为神经网络的训练样本，选2010年10月1日到2010年10月31日的日数据作为预测样本，首先通过基于基本面分析和技术面分析的股票估值方法对成分股进行预选，选取有投资价值5只有代表性的股票作为研究对象。然后，采用神经网络方法进行预测，从而得到连续时间模型中各参数的估计值，最后根据本章提出的极大极小风险下的跳扩散投资组合模型构造现货投资组合，并与等比例资产分配法、市值加权分配法和沪深300指数相比较以便测试其优越性能和超越指数的表现，试图说明连续时间投资组合策略的科学性和可行性。

5.4.1　组合中投资标的的选择

本章采用基本面分析和技术面分析相结合的方法进行组合中优质投资标的的过滤和选择。基本面分析的理论认为证券的投资价值是由证券的盈利潜力决定的，注重其内在价值的大小，假设任何证券在任何时候在市场上都有一个内在价值即均衡价格。证券内在的盈利潜力与宏观经济运行状况、行业发展态势及国际金融环境有密切关系，影响因素包括：国际金融、宏观经济、行业发展、投资者心理因素、公司业绩、财务结构等；技术面分析主要是根据证券市场的走势、价格及成交量信息及历史数据来预测证券价格未来变动。实证研究表明规模因素、收益价格比、账面市值比、前期收益率（动量或反转因子）都是可以用来解释资产收益率的重要变量。一般而言，上市公司规模越小，预期的未来收益率应该更高，即所谓的规模效应①。究其原因，在于小规模上市公司未来的发展可能更快并且同时也会面临更大的风险，且股票价格与股票每股收益和账面市值有很强的相关关系，通过与其他股票对比一般可确定是否可能被高估。另外，宏观经济对上市公司业绩的反映可以从上市公司的财务报表中体现出来，常用来衡量企业业绩的主要财务指标分别有：流动比率、速动比率和资产负债率、应收账款周转率和总资产周转率、销售利润率和总资产净利率以及资本积累率、净资产收益率增长率和总资产增长率等，这些因素都可作为预测股票未来收益率及波动率的重要代理变量。因此，本章将这些因素作为股票选择的重要参考指标。综合以上情况，通过基本面分析和技术面分析得到的5只有投资价值的股票分别是：中色股份、潞安环能、山西汾酒、辰州矿

① 规模效应指小公司的市场表现常比市场平均水准表现得更好，小公司股票回报优于大公司股票，而小公司股票的收益又主要归功于那些微型公司。

业和中国太保。

5.4.2 参数估计

本章通过神经网络预测的方法进行参数估计，选用的输入变量为：日最高价、日最低价、日开盘价、日成交量、日成交金额、换手率、A股流通市值、市盈率、市净率和市销率，以5日均价及其波动率作为输出变量进行非线性预测。对于个别资产的收益率和波动率及其他参数可能来自一些不规则和突发事件的影响，在综合分析估计结果的基础上通过德尔菲法做了进一步调整，表9列出了采用神经网络预测得到的5只股票各变量的估计值。

表9 神经网络得到的5只股票在测试期间的各参数值

参数	中色股份	潞安环能	山西汾酒	辰州矿业	中国太保
b	0.687	0.549	0.013	0.327	0.217
σ	0.232	0.126	0.185	0.09	0.05
α	0.1635	0.0945	0.0848	0.0722	0.0404
φ	0.83	0.23	0.2	0.72	0.1
v	0.21	0.24	0.5	0.36	0.42

5.4.3 跳扩散的连续时间投资组合的优化结果

神经网络的结构采用100－15－1的3层网络结构，初始连接权值选择[－2.5，2.5]之间的随机数；BP算法的学习速率为0.4，惯性率为0.8，训练函数采用Levenberg－Marquardt算法对网络进行训练，训练循环终止条件为输出精度达0.001或训练步数达到最大训练步数1000步。优化方程中的参数设置为：初始财富按1个单位核算，预期风险控制在0.5的水平，均值回复的平方根扩散过程的各参数值分别为$k=0.5,\eta=7.5,\delta=5,j=0.1$，期望的目标收益率不低于1.5倍，无风险利率取一年期定期存款利率按月折算后的结果。在充分考虑优化模型的非凹非凸特性和非线性约束后，采用遗传算法通过数值逼近算法求解得到最终的投资策略。其中，多重网格的状态参数为$x_{\max}=2,\lambda_{\max}=5$，网格的划分范围为$x\in[1.05,2]$，$\lambda\in[1,5]$

间隔分别为 $\Delta x=0.05$，$\Delta\lambda=1$，网格点数为 $N_x\times N_\lambda$ 共有 100 个格点，代入式（5.15）生成向量 $\{M_1, M_2, \cdots, M_k\}$，$k=100$，由此得到值函数各参数和目标函数的最小值 $\min(\|M\|^2)$ 为 0.0466，然后通过得到的值函数各参数值代入式（5.18）即可求得各风险资产在不同网格点及不同财富状态下的投资策略。图 3 显示了 1－风险资产份额和 2－风险资产份额在不同财富状态下的投资策略及其策略和财富的演进过程，表 10 列出了数值逼近得到值函数在测试期间的各参数值。为更客观地评价采用本章提出的连续时间投资组合优化方法得到的投资组合的具体绩效，特别引入等比例资产分配法和市值加权分配法来构建投资组合作为比较对象以反映不同投资组合间的差别，表 11 列出了三种不同方法资产的分配情况和总收益以及超越沪深 300 指数的表现。从表中不难看出，采用连续时间的动态投资组合策略在绝对收益率、超额收益即超越沪深 300 指数方面都优于等比例资产分配法和市值加权分配法的持有到期策略，实证研究表明本章提出的连续时间的动态投资组合模型相比其他组合持有到期的策略收益率更高，组合抗风险能力更强，进一步验证了连续时间的动态调整策略要优于静态持有策略。

表 10　数值逼近得到值函数在测试期间的各参数值

V_0	$V1$	V_2	V_3	V_4	V_5
0.77109	−1.1313	0.31885	1.16713	−0.3174	0.05309

表 11　三种方法的资产配置情况及收益和风险比较

组合类别	资产配置比例	组合收益	超越沪深 300 指数
连续投资组合	[0.3072，0.1061，0.0008，0.1063，0.01653]	0.5371	0.4154
等比例法	[0.2000，0.2000，0.2000，0.2000，0.2000]	0.3586	0.2369
市值加权法	[0.0332，0.1311，0.0023，0.02184，0.1023]	0.2908	0.1691

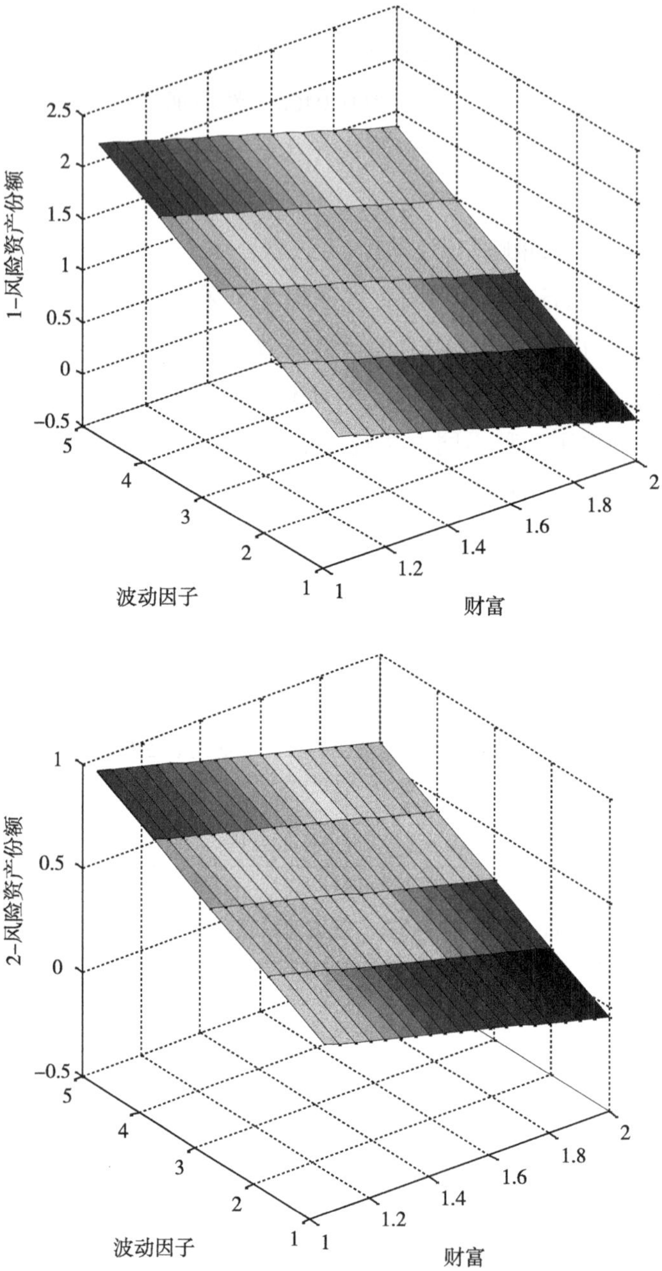

图3　1 – 风险资产份额和 2 – 风险资产份额在不同财富状态下的投资策略

5.5 本章小结

本章研究了连续时间投资组合选择的最优化问题，运用贝尔曼最优性原理及 HJB 方程和极大极小的原则构造了一类典型的证券投资组合优化模型，并将成交量引入价格运动的随机方程中，借助随机控制和数值逼近的方法得到相应优化问题的最优投资策略。实证分析表明和其他组合相比，基于连续时间的动态投资组合收益率更高，抗风险能力更强，其组合配置策略对于追求绝对收益和资产管理机构及对冲基金来说具有重要的指导意义。由于证券市场不断向纵深方向发展，经济体及市场之间联动性逐渐加强，金融衍生工具在带来较高收益的同时也放大了风险和加剧了市场的波动，在经济环境日益复杂的情况下，如何对投资组合选择策略进一步改进和扩展，仍需要长期不懈的研究。

第六章　含期权的连续时间投资组合最优策略

随着经济全球化进程的加快以及金融自由化等因素的影响，各种金融衍生产品层出不穷，金融市场呈现出前所未有的波动性，宏观经济状况的改变和重大经济政策的调整都会给金融市场和投资行为带来巨大的影响。因此，投资者在不同投资时期动态调整策略以及考虑含有期权等衍生风险资产的投资组合是必然选择。Merton 在连续时间下用多随机因素模型描述资产价格动态过程，运用随机控制方法解决经济个体在不确定环境下如何连续地做出最优消费和资产组合决策使其终身总消费的期望效用最大，给出了最优动态资产组合选择的条件，为后续的研究奠定了坚实的理论基础，形成了分析和解决该类问题的基本框架。Wachter（1998）、Kim 和 Omberg（1996）、Chacko 和 Viceira（1999）、Deelstra（2000），以及 Menoncin（2003）等对单风险因素和多种风险因素及多种风险资产存在情况下的投资组合最优策略问题进行了研究；Boulier、Taillard（2001）和 Deelstra（2001）研究了在整个投资期有确定性收入情况下的养老金计划的最优投资组合策略；Campbell 和 Viceira（2002）以及 Franke、Peterson 和 Stapleton（2001）对长期投资存在工资收入的投资组合问题进行了研究。我国学者应用随机分析理论进行动态资产配置的相关研究越来越多，杨瑞成和刘坤会（2005）用泊松过程与布朗运动刻画了投资者的财富过程，利用贝尔曼最优化原理，研究了带跳跃的投资组合优化问题，导出了最优消费及投资策略所满足的方程组与最大消费效用期望值；郭文旌和顾荣宝（2005）应用随机控制方法讨论了在 Black－Scholes 模型假设的市场情形下的投资组合优化的问题，给出了基于指数函数效用型的最优投资消费策略；陈宝群等（2004）考虑基于随机过程框架下的最优投资组合问题得到了求解最优化投资组合问题的两阶段方法。然而这些方法大都从投资者效用的角度出发，分析各种参数在不同情形下对投资策略的影响且分析结果不尽相同，甚至与实际的投资行为不吻合。其实，许多投资者在做决策时的交易信息并不明显，更多凭的是直觉，投资者的效用函数很难确定，基于效用函数型的投资组合模型来确定最优投资策略往往缺乏充足的理论依据。正如行为金融学所倡导的，现实中大部分投资者由于对资产的风险程度有不同认识以及具有不同的投资目标而形成一种金字塔状的行为资产组合，金字塔每一层的资产都与某一特定的目标和风险态度相联系，而各层之间的相关性被一般金融理论所忽略。从这一意义上说，投资者的效用函数难以统一到同质化的同类函数中来，基于均值—方差的连续时间分析方法正好可以被充分利用于动态连续时间的长期投资决策中。此外，金融市场创新性逐渐加强，新的技术和新的金融工具的创造加强了市场与市场参与者的相互依赖，金融衍生工具的扩展使国际金融市场更富有效率，但也促使全球市场更加易变。因此，对规避风险的金融衍生市场的培育和对衍生市场进行探索显得越来越重要，非常有必要开发许多金融衍生工具来实现套期保值和进行对冲风险。本章就是在资产价格满足连续时间刻画的随机微分方程的背景下，研究有限时域内投资对象中包括无风险证券和风险资产以及含金融衍生品的欧式看涨期权的最优投资问题，在可卖空的条件下实现套期保值和对冲风险，从而提高投资者在不确定环境下的最优配置效率。

6.1　含期权的连续时间投资组合决策模型

6.1.1　模型的建立

假定投资者可选择的基础投资标的是风险证券、无风险证券和具有金融衍生品性质的期权，且风险证券就是期权的标的资产，投资者的投资期为期权的有效期。无风险证券和风险证券的价格分别满足如下随机微分方程刻画的随机过程：

$$\begin{cases} dS_0(t) = r(t)S_0(t)dt, t \in [0,T] \\ dS(t) = S(t)(bdt + \sigma dW(t)), \\ S_0(0) = s_0 > 0 \end{cases} \tag{6.1}$$

其中 $r(t)$ 是无风险资产的利率，$W(t)$ 是一维标准维纳过程，b 表示平均收益率，σ 表示价格的波动率，b,σ,r 且均为常数。用 $F(t,s)$ 表示期权的价格过程，由伊藤定理不难推导出欧式看涨期权在时刻 t 的价值满足如下偏微分方程：

$$\begin{cases} F_t + rSF_s + \frac{1}{2}\sigma^2 S^2 F_{ss} - rF(t,s) = 0, \\ F(T,S) = \max\{S(T) - q, 0\} \end{cases} \tag{6.2}$$

由此，推导出著名的 Black－Scholes 公式：

$$F(t,s) = S_t N(d_1) - qe^{-r(T-t)} N(d_2) \tag{6.3}$$

其中 $F_t = \frac{\partial F}{\partial t}, F_s = \frac{\partial F}{\partial S}, F_{ss} = \frac{\partial^2 F}{\partial S^2}$，$d_1 = \frac{\ln \frac{S}{q} + (r + \frac{1}{2}\sigma^2)(T - t)}{\sigma \sqrt{T - t}}, d_2 = d_1 - \sigma \sqrt{T - t}$，$N(\cdot)$ 是标准正态随机变量的累积分别函数，q 是期权敲定价格，T 为期权的交割期。

假设 $u_0(t)$ 、$u(t)$ 和 $u_F(t)$ 分别表示投资者在 t 时刻投入无风险证券以及风险证券与期权上的投资量，正负分别表示多头和空头。$N_0(t)$ 、$N(t)$ 和 $N_F(t)$ 分别表示投资者对无风险证券、风险证券和期权持有的单位数，设 $\{x(t), 0 \leq t \leq T\}$ 表示投资者的财富过程，其初始财富为 $x(t)$ ，则有下面关系成立

$$\begin{aligned} u_0(t) &= N_0(t) S_0(t), \\ u(t) &= N(t) S(t), \\ u_F(t) &= N_F(t) F(t,S), \\ u_0(t) + u(t) + u_F(t) &= x(t) \end{aligned} \tag{6.4}$$

投资者假定在允许卖空的条件下进行投资，时刻 $t(t \in [0,T])$ 的总资产为 $x(t)$ 满足如下随机微分方程刻画的随机过程：

$$\begin{aligned} dX(t) &= N_0(t) dS_0(t) + N(t) dS(t) + N_F(t) dF(t,s) \\ &= [u(t)(b - r) + u_F(t)(b - r) SF_s/F + rX(t)] dt \\ &\quad + \sigma[u(t) + u_F(t) SF_s/F] dW(t) \end{aligned} \tag{6.5}$$

根据以上讨论，考虑到投资者对风险的厌恶性，最大化收益的同时极小化所承担的风险，即投资者的目标是寻找一个最优策略，在满足最终财富

的期望值 $EX(t) = d$ 的情况下，同时使得终端财富的风险 $VarX(t)$ 达到最小，也就是求解以下的动态均值—方差最优化问题：

$$\begin{cases} \min E[VarX(T)] = E[^X(T) - d]^2 \\ s.t.\ \ E[X(T)] = d, \\ X(t), u_i(t)\ satisfy\ (6.5), \end{cases} \tag{6.6}$$

引入 *Lagrange* 乘子 μ，上述问题可以转化为

$$\begin{cases} \min E[(^X(T) - d)^2 + 2\mu(X(T) - d)] \\ s.t.\ \ X(t), u_i(t)\ satisfy\ (6.5), \end{cases} \tag{6.7}$$

进而可以转化为如下优化问题

$$\begin{cases} \min \frac{1}{2}E[^X(T) - (d - \mu)]^2 \\ s.t.\ \ X(t), u_i(t)\ satisfy\ (6.5), \end{cases} \tag{6.8}$$

作变换 $x(t) = X(t) - (d - \mu)$，则式（6.5）转化为：

$$\begin{cases} dx(t) = [u(t)(b - r) + u_F(t)(b - r)SF_s/F + r(x(t) \\ \qquad + (d - \mu))]dt + \sigma[u(t) + u_F(t)SF_s/F]dW(t) \\ x_0(t) = X_0 - (d - u) \end{cases} \tag{6.9}$$

该问题可通过嵌入法处理转化为标准的随机最优控制问题，其最优解可以通过求解下面 LQ 优化问题来得到：

$$\begin{cases} \min E[\frac{1}{2}x(T)^2] \\ s.t.\ \ x(t), u_i(t)\ satisfy\ (6.7) \end{cases} \tag{6.10}$$

6.1.2　基于微分方程有限差分法的模型求解

（1）HJB 方程

根据随机最优控制理论，运用贝尔曼最优性原理，值函数 $V(x)$ 满足如下 HJB 偏微分方程：

$$\begin{aligned} &V_t + \min_{u(t)}\{V_x[u(t)(b - r) + u_F(t)(b - r)SF_s/F \\ &+ r(x(t) + (d - \mu))] + \frac{1}{2}V_{xx}\sigma^2[^u(t) + u_F(t)S\,F_s/F]2\} = 0 \end{aligned} \tag{6.11}$$

令 $G(u,u_F)=V_x[u(t)(b-r)+u_F(t)(b-r)SF_s/F+r(x(t)+(d-\mu))]+\frac{1}{2}V_{xx}\sigma^2[^u(t)+u_F(t)S\,F_s/F]^2$ (6.12)

由最优控制问题的一阶必要条件分别对 u 和 u_F 求导可得最优投资策略为：

$$\begin{aligned}G_u&=V_x(b-r)+V_{xx}\sigma^2[u(t)+u_F(t)SF_s/F],\\G_{u_F}&=V_x(b-r)SF_s/F+V_{xx}\sigma^2SF_s/F[u(t)+u_F(t)SF_s/F]\end{aligned}\tag{6.13}$$

由 $G_u=0$ 或 $G_{u_F}=0$ 得：

$$u(t)+u_F(t)SF_s/F=-\frac{(b-r)V_x}{V_{xx}\sigma^2}\tag{6.14}$$

将式（6.14）代入式（6.11）得到：

$$\begin{cases}V_{xx}\sigma^2r(x(t)+(d-\mu))-\frac{1}{2}V_x(^b-r)2=0,\\x_0(t)=X_0-(d-u)\end{cases}\tag{6.15}$$

上述问题是一个标准的带边值问题的微分方程，可通过微分方程的有限差分解法得到其数值近似解。

(2) 微分方程的差分解法

有限差分法是用于微分方程定解问题求解的最广泛的数值方法，其基本思想是用离散的只含有有限个未知量的差分方程去近似代替连续变量的微分方程和定解条件，并把差分方程组的解作为微分方程定解问题的近似解。具体求解微分方程式，必须附加某种定解条件，使微分方程和定解条件一起组成定解问题。这里根据实际问题的情景分析，扩充另一个端点的条件，即投资者制定的投资策略的终端财富目标值不超过初始财富的两倍，这样式（6.15）就变成一个标准的微分方程的两点边值问题从而方便解决实际问题。

令 $p(x)=-(b-r)^2/[2\sigma^2r(X(t)+(d-\mu))]$, $a=x_0-(d-u)$, $b=2a$, $A=a^2/2$, $B=b^2/2$，则有：

$$\begin{cases}V_{xx}-p(x)V_x=0,a<x<b\\V(a)=A,V(b)=B\end{cases}\tag{6.16}$$

考虑边值问题式（6.14），把 $b-a$ 分为 n 等分 $h=\frac{b-a}{n}$，令 $x_k=a+kh,k=0,\cdots,n$，这里用中心差分逼近

$$\begin{aligned} V_x &= \frac{V(x_{k+1})-V(x_{k-1})}{2h}+\mathrm{O}(h^2), \\ V_{xx} &= \frac{V(x_{k+1})-2V(x_k)+V(x_{k-1})}{h^2}+\mathrm{O}(h^2) \end{aligned} \tag{6.17}$$

记 $p_k=p(x_k),k=0,1,\cdots,n$，边值条件变成 $V(x_0)=A,V(x_n)=B$，从微分式（6.16）及式（6.17）得到：

$$\frac{V(x_{k+1})-2V(x_k)+V(x_{k-1})}{h^2}+p_k\frac{V(x_{k+1})-V(x_{k-1})}{2h}=0 \tag{6.18}$$

此处略去 $\mathrm{O}(h^2)$ 项，并用 V_k 代替 $V(x_k)$，得到关于近似函数 $V_k,k=1,\cdots,n-1$ 的线性方程组

$$(2+hp_k)V_{k+1}-4V_k+(2-hp_k)V_{k-1}=0,k=1,2,\cdots,n-1 \tag{6.19}$$

该方程组可以用追赶法求解，最终通过最佳逼近来确定值函数的形式。

（3）最佳逼近

一般地，最小二乘法可以描述欧式空间中的最佳平凡逼近问题。这里使用待定系数法，假定值函数具有如下形式的解：

令 $V(x)=\frac{1}{2}V_1x^2+V_2x+V_3$，于是可以考虑如下的最佳平方逼近问题确定值函数的待定系数，令

$$e^2=\min\|V-V(x)\|^2=\min\sum_{i=1}^{n}\left(V_i-\left(\frac{1}{2}V_1{x_i}^2+V_2x_i+V_3\right)\right)^2 \tag{6.20}$$

其中，e 表示残差，V_i,x_i 来自追赶法求解（6.17）的结果，值函数的具体形式可通过上述最小二乘法确定后即可得到最优投资策略。

将式（6.14）与式（6.6）连立求解

$$\begin{cases} u(t)+u_F(t)SF_s/F=-\dfrac{(b-r)V_x}{V_{xx}\sigma^2} \\ u_0(t)+u(t)+u_F(t)=x(t) \end{cases} \tag{6.21}$$

得到 $u^*(t)$ 和 ${u_F}^*(t)$ 分别为：

$$\begin{cases} u^*(t) = \dfrac{FH-(x-u_0)SF_s}{F-SF_s} \\ u_F{}^*(t) = \dfrac{F(x-u_0-H)}{F-SF_s} \end{cases} \tag{6.22}$$

其中，$H=-\dfrac{(b-r)V_x}{V_{xx}\sigma^2}=-\dfrac{(b-r)(V_1x+V_2)}{V_1\sigma^2}$，至此获得了投资策略的显式表达式，可以看出，最优投资策略为一个策略簇，其变化依赖于投资过程中财富的变化、期权的价格以及期权的 Delta 值和无风险资产头寸的变化。

6.2 套期保值策略

根据无套利均衡的思想，套期保值策略应该使得含有期权衍生工具的证券组合的头寸需要不断地进行调整，才能维持住无套利的均衡关系。要实现套期保值必须消除式（6.7）中的不确定因素，由此，得到的套期保值策略为

$$\begin{cases} u(t)+u_F(t)SF_s/F=0 \\ u_0(t)+u(t)+u_F(t)=x(t) \end{cases} \tag{6.23}$$

由上式不难看出，投资在风险资产及期权上的头寸方向是相反的，在期权和风险资产之间，若对风险资产持有多头，则对另一个必然持有空头，二者的投资份额满足以上关系。

将套期保值策略与最优投资组合策略相比较，连立式（6.21）和式（6.23）并令 $u^*(t)-u_F{}^*(t)=z(t)$ 得到

$$\begin{cases} u^*(t)=u(t)+z(t) \\ u_F{}^*(t)=u_F(t)-z(t) \end{cases} \tag{6.24}$$

其中，$z(t)=\dfrac{(b-r)(V_1x+V_2)}{V_1\sigma^2(1-SF_s/F)}$

当 $b=r$ 即风险资产的预期收益率等于无风险利率时，投资组合的最优策略退化为套期保值策略，投资者不愿承担任何风险更愿意享受无风险的收益，也正好说明了投资组合的超额收益更多是来自风险的补偿。

6.3　算例

假设某基金经理打算构建一个风险分散性较好的证券投资组合，供其选择的投资对象为一种风险资产即股票、一种关于该股票的欧式看涨期权和一种债券。股票当前价格为52美元，其预期年收益率为50%，年波动率为30%；债券没有风险，其年利率为每年12%；欧式看涨期权的执行价格为50美元，到期期限为3个月。该基金经理打算组合到期的预期收益的期望为期初的1.5倍，期初财富按1个单位核算。

表12　算例中的各参数值

S	b	σ	q	r	μ
52	0.5	0.3	50	0.12	0.6

（1）最佳逼近估计值函数各参数值

考虑用中心差分逼近边值问题（6.15），网格的状态参数为$b=2, a=1$，把$b-a$分为20等分，划分间隔为$h=0.05$，股票价格运动的随机微分方程中和优化方程各参数由表12给出，由此通过追赶法和最小二乘法得到值函数各参数和最小误差为0.00365，表13列出了最佳逼近得到值函数的各参数值，得到值函数的参数值以后即可计算组合的最优投资策略和套期保值策略。

表13　最佳逼近得到值函数的各参数值

V_1	V_2	V_3
4.8304	-6.1278	3.8159

（2）计算该欧式看涨期权的价格

$$d_1=\frac{\ln\frac{52}{50}+(0.12+0.5\times 0.3^2)\times 0.25}{0.3\times\sqrt{0.25}}=0.5365,$$

$$d_2=d_1-0.3\times\sqrt{0.25}=0.3865$$

$$F(t,S)=52\times N(0.5365)-50e^{-0.12\times 0.25}\times N(0.3865)=52\times 0.7042-$$

$50e^{-0.03} \times 0.6504 = 5.06$

(3) 计算该欧式看涨期权的 Delta 值

$$F_s = e^{-r(T-t)}N(d_1) = e^{-0.03} \times 0.7042 = 0.6834$$

(4) 计算最优投资策略

由 $H = -\dfrac{(b-r)V_x}{V_{xx}\sigma^2} = -\dfrac{(b-r)(V_1x+V_2)}{V_1\sigma^2} = -4.2225x + 5.3557$ 代入下式得

$$\begin{cases} u^*(t) = \dfrac{FH-(x-u_0)SF_s}{F-SF_s} = 1.8669x - 1.166u_0 - 0.889 \\ u_F{}^*(t) = \dfrac{F(x-u_0-H)}{F-SF_s} = -0.8669x + 0.166u_0 + 0.889 \end{cases} \tag{6.25}$$

根据不同 x, u_0 即可求得对应无风险资产头寸处的风险资产和期权在不同财富状态下的投资策略。图 4 显示了最优投资策略下风险资产份额和欧式看涨期权份额在不同财富状态下的投资份额和财富的演进过程。

(5) 计算套期保值策略

由以上分析可知套期保值的投资策略满足如下方程

$$\begin{cases} u(t) + u_F(t)SF_s/F = 0 \\ u_0(t) + u(t) + u_F(t) = x(t) \end{cases} \tag{6.26}$$

代入相关数据后得到

$$\begin{cases} u(t) = 1.166x - 1.166u_0 \\ u_F(t) = -0.166x + 0.166u_0 \end{cases} \tag{6.27}$$

图 5 显示了套期保值策略下风险资产份额和欧式看涨期权份额在不同财富状态下的投资份额和财富的演进过程。

从图 5 可以看出，两种策略随着无风险资产头寸和期权的价格以及期权的 Delta 值的变化，最优策略和套期保值策略的效果是不一样的。期初，最优投资策略下的风险资产和期权的头寸都是正的，这一点与套期保值策略的对冲头寸相反是不同的，随着无风险资产头寸的调整以及到期交割日的临近，期权价值越来越小，这时，由期权带来的收益不如卖空期权而增加风险资产头寸带来的收益大，表现出期权头寸由期初正值逐渐转化为负值的过程。相比之下，套期保值的风险资产和期权的头寸始终都是一正一负，风险资产带来的收益总是被期权带来的损失抵消掉。因此，从两种策略比较来看，最优策略对应的终端财富的期望值要大于套期保值对应的终端财富的期望值即最优投资策略要优于套期保值策略。

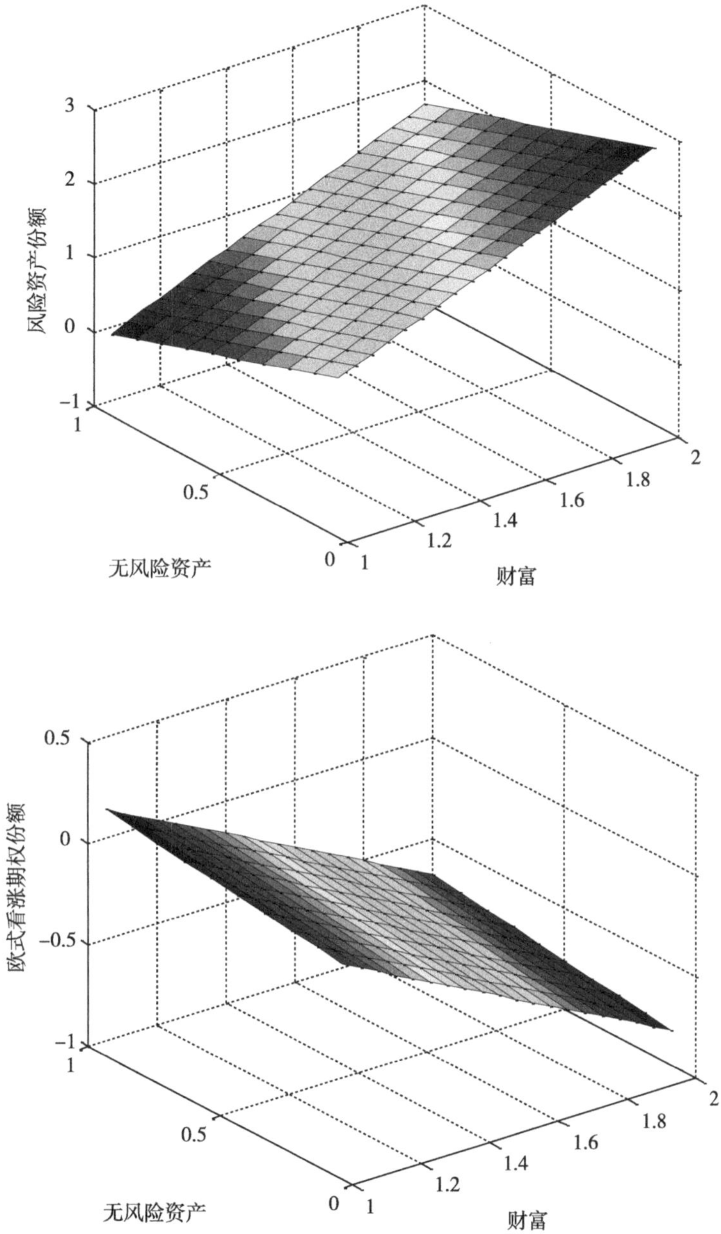

图 4　风险资产份额和欧式看涨期权份额在不同财富状态下的最优投资策略

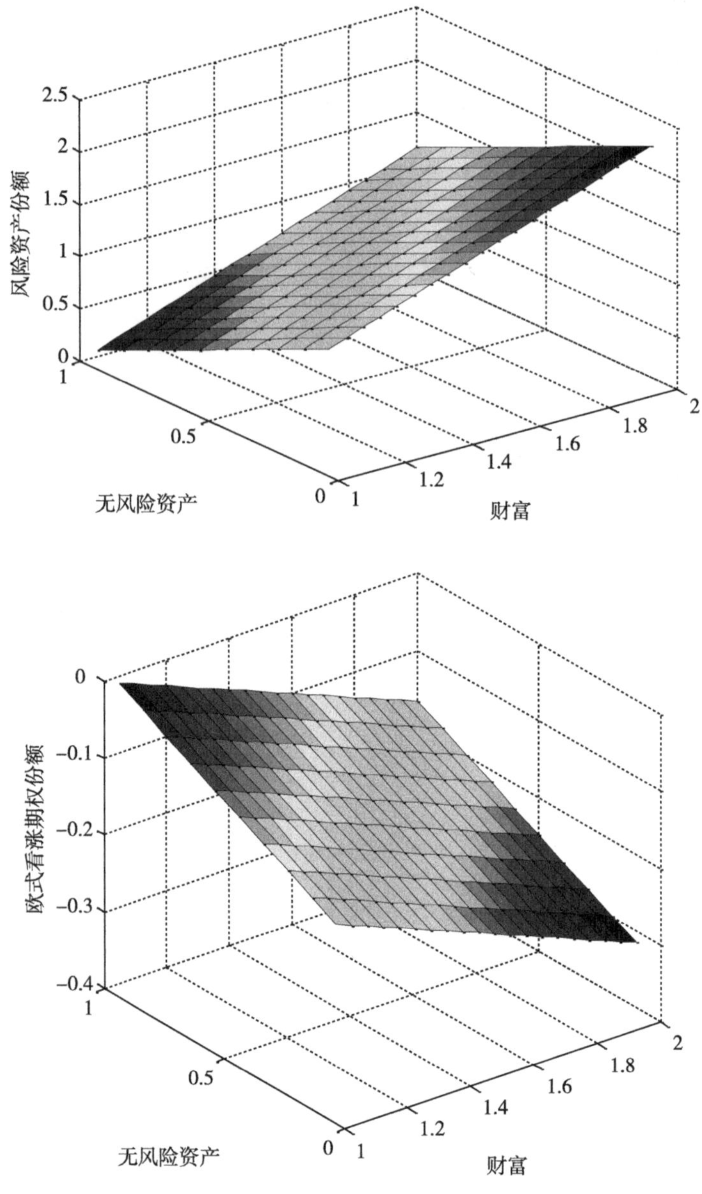

图 5　风险资产份额和欧式看涨期权份额在不同财富状态下的套期保值策略

6.4　本章小结

本章研究了含期权的连续时间投资组合选择的最优化问题，运用贝尔曼最优性原理及 HJB 方程，根据 Black - Scholes 模型的基本假设构造了一类嵌入欧式看涨期权的证券投资组合优化模型，应用随机控制和微分方程的差分解法得到相应优化问题的最优投资策略和套期保值策略，从一定意义上验证了投资组合的超额收益更多来自风险的补偿。传统的效用函数不能够准确描述投资者的价值取向，投资者很难判断未来的经济金融环境以及资本市场的走势，基于均值—方差的连续时间分析方法更多建立在先验信息的基础上即根据过去推算未来。因此，构建一个不依赖于效用函数描述的投资机会集和结合模糊理论的连续时间动态投资组合模型显得尤为迫切和必要，在不需要明确知道效用函数的形式及有关市场统计信息和价格波动特征的情况下，通过跟踪市场变化的被动式管理就能够得出比较符合实际情况和可操作性强的投资组合策略是未来研究投资组合理论的一个新的方向。这方面国内研究比较少，相关的研究亟须进一步加强和延伸。

第七章　随机利率和通货膨胀下的最优资产组合选择

在现代金融理论中，基于不确定性的决策分析是整个金融理论的核心内容。金融资产的价值常常由于金融系统本身的周期性变动、随机性波动以及市场信息的不完全对称而发生变化，重大宏观经济政策的调整往往会导致决策行为的改变，投资者如何能够在不同风险状态下顺应市场变化做出合意的金融资产优化配置方案成为实际投资过程中必然面临的关键问题。单阶段的静态投资组合模型不能充分满足实际投资组合管理的需要，这就要求投资者在变幻莫测的不确定市场中必须进行连续时间的动态投资组合优化以实现多期动态配置均衡。随着不确定性理论、现代数学、信息科学计算方法及计算机技术的深入发展，研究者运用随机控制方法对随机环境下的动态资产组合选择问题进行了深刻的分析，并对不确定情景下的最优投资和资产组合选择的重要特征进行了经济学解释，给出了经济个体的最优资产配置策略。国内很多学者对现代资产组合选择的问题也做了大量研究，特别是以效用函数分析为基础的资产组合选择方法的研究层出不穷。肖建勇和陈超（2001）基于资产价格服从跳扩散过程，给出了投资组合最优决策策略的偏微分方程；朱微亮（2007）基于效用函数研究了突发事件和参数不确定性对动态资产组合选择的影响，得到风险规避的投资者在对不确定性进行对冲时降低了其资产组合中风险资产的比例，并通过模型参数的调整进行了数值说明。这些研究一定程度上丰富和发展了证券投资理论在组合管理中的应用，但这些模型中利率都是常数或时间的确定函数，而这一假设并不符合投资者和投资机构的实际投资环境。事实上，风险投资组合的目标是在金融市场中选择各种资产的最优组合投资策略，使投资者在整个投资时期内的累积消费或终期财富的期望效用值达到最大化。从金融市场发展的历史来看，金融危机、股市崩盘等突发事件经常会对资产价格造成一定的冲击，由此进一步影响资产组合的投资策略。在现代经济社会中，通货膨胀对社会经济的影响总是备受关注，而通货膨胀的复杂性及其本身的不确定性与资本市场中金融资产价格尤其是与股票、固定收益证券市场的关系历来是金融学所关注的热点问题。通货膨胀会影响股票价格、资本市场收益，特别是与股票市场收益的关系更为直接，通货膨胀会造成股价的波动和资产价格的重估从而造成财富的再分配。所以，理性投资人在进行投资决策的时候，需要考虑投资回报与风险的大小；另外还需要考虑投资收益能否补偿通货膨胀影响下的货币购买力的贬值损失以及利率变动造成的不利影响。近年来，关于随机利率模型下的证券投资组合理论也取得了一些研究成果。但这些文献仅仅研究了随机利率环境下的证券投资组合问题，并没有综合考虑通货膨胀、随机利率和交易成本等实际情况，且这些研究大都以效用函数的分析方法为基础，而在实际的金融市场中，基于效用函数的具体形式及参数由于其经济含义不明确很难确定下来。本章将通货膨胀、随机利率和交易成本等因素引入金融市场模型中，通货膨胀和交易成本的引入使得模型更贴合实际，更具有操作性和针对性，更能为投资者和投资机构提供科学的理论依据。本章应用连续时间的动态均值—方差方法得到符合实际意义下值函数和 HJB 方程，通过数值逼近方法求解相应的 HJB 方程得到双目标优化问题的最优投资策略，并用实证的方法与国内证券市场上同类型资产配置优质基金的最优投资策略进行了对比研究。

7.1　考虑通货膨胀等因素的投资组合决策模型

7.1.1　模型的建立

考虑有限时域固定投资时间期为 $[0,T]$ 的投资问题，各种资产可连续交易，市场有卖空限制，假设市场上有无风险证券、股票和债券可供选择，其中利率期限结构采用 Vasicek（1977）研究的利率只受一个布朗运动影响的利率期限结构，设瞬时无风险利率满足 Ornstein – Uhlenbeck 过程，即满足以下随机微分方程：

$$\begin{cases} dr_t = \alpha(\beta - r_t)dt + \sigma_t dW_1(t), t \in [0,T], \\ r_0 = r \end{cases} \tag{7.1}$$

其中 α,β,σ_t 是严格正常数，上式表明了利率的均值回复，β 是利率长期平均水平，在给定利率方程下，可推导出固定期零息票债券和利率的值。

根据上式，得到利率的显式解为：

$$r_t = \beta + (r - \beta)e^{-\alpha t} + \sigma_r \int_0^r e^{-\alpha(t-u)} dW_1(u) \tag{7.2}$$

假设在到期期限 T 时，零息票债券 $P(t,T)$ 时刻价格为

$$P(t,T) = e^{A(t,T)+B(t,T)r} \tag{7.3}$$

其中 $B(t,T) = \frac{1}{\alpha}[-1 + e^{-\alpha(T-t)}], A(t,T)$ 满足微分方程

$$\frac{\partial A(t,T)}{\partial t} + \alpha\beta B(t,T) + \frac{1}{2}\sigma_r^2 B^2(t,T) = 0 \tag{7.4}$$

边界条件 $A(T,T) = 0$，进一步得 $P(t,T)$ 满足微分方程

$$\frac{\partial P(t,T)}{P(t,T)} = (r_t + \lambda_t \sigma_t B(t,T))dt + B(t,T)\sigma_r dW_1(t) \tag{7.5}$$

其中 λ_t 表示风险的市场价格，也即利率受布朗运动的扩散溢价。

无风险证券价格满足如下微分方程：

$$d\tilde{S}_0(t) = r_t \tilde{S}_0(t)dt, t \in [0,T] \tag{7.6}$$

另外风险资产股票的价格满足如下随机微分方程刻画的随机过程：

$$\begin{cases} dS_t = (r_t + \tilde{\mu}_s - \tilde{b}(t))S_t dt + \sigma_s S_t dW_2(t)), \\ S_0(0) = s_0 > 0 \end{cases} \tag{7.7}$$

其中 r_t 是无风险资产的利率，$\tilde{\mu}_s$ 是股票扩散的风险溢价，σ_s 是扩散波动率，$W = \{W_1, W_2\}$ 是一维标准维纳过程，$\tilde{b}(t)$ 表示平均交易成本和冲击成本带来的交易费用。这里主要考虑投资者在风险资产交易过程中产生的交易费用，令 $\mu_s = \tilde{\mu}_s - \tilde{b}(t)$，则式（7.7）化为如下的微分方程：

$$\begin{cases} dS_t = (r_t + \mu_s)S_t dt + \sigma_s S_t dW_2(t), \\ S_0(0) = s_0 > 0 \end{cases} \tag{7.8}$$

由于投资者所关注的是最大化财富的真实增长率，而不是名义上的总资产的增长情况，本章采用资产真实价值衡量的方法，设消费品的价格水

平 ψ_t 和通货膨胀的期望率 π_t 满足如下的扩散过程：

$$\begin{cases} d\psi = \pi_t \psi dt + \sigma_\psi dZ_\psi , \\ d\pi = k(\bar{\pi} - \pi_t) dt + \sigma_\pi dZ_\pi \end{cases} \tag{7.9}$$

其中 $\sigma_\psi, k, \bar{\pi}, \sigma_\pi$ 为正常数。

令 $m = \psi^{-1}$ 代表单位货币的购买力，则 m 可以理解为货币价值。根据伊藤定理，m 满足如下随机微分方程：

$$dm = m(\sigma_\psi^2 - \pi) dt - m\sigma_\psi dZ_\psi \tag{7.10}$$

假设投资者的初始财富为 $\tilde{X}_0$ ，投资者在不允许卖空的条件下进行投资分别投资于股票、债券和无风险证券，其股票和债券占当时财富的比例为 $\pi_t = (\pi_1, \pi_2)$ ，剩余部分买进无风险证券，投资在时刻 $t(t \in [0,T])$ 的总资产为 $\tilde{X}(t)$ 满足如下随机微分方程刻画的随机过程：

$$\frac{d\tilde{X}_t}{\tilde{X}_t} = (r_t + \pi_1 \mu_s + \pi_2 \lambda_r \sigma_r B(t,T)) dt + \pi_2 \sigma_r B(t,T) dW_1(t) + \pi_1 \sigma_s dW_2(t) \tag{7.11}$$

则 t 时刻总资产的真实价值为 $X_t = \frac{\tilde{X}_t}{\psi} = m\tilde{X}_t$ ，应用伊藤定理，可得：

$$\frac{dX_t}{X_t} = (r_t + \pi_1 \mu_s + \pi_2 \lambda_r \sigma_r B(t,T) + \sigma_\psi^2 - \pi) dt - \sigma_\psi dZ_\psi + \pi_2 \sigma_r B(t, T) dW_1(t) + \pi_1 \sigma_s dW_2(t) \tag{7.12}$$

为了研究问题方便，假设上述随机微分方程涉及的扩散过程两两正交且忽略协方差的影响。根据以上假设，考虑到投资者是厌恶风险的，最大化收益的同时极小化所承担的风险，即投资者的目标是寻找一个最优策略，以最大化期望终端财富 $EX(T)$ ，同时使得终端财富的风险 $VarX(T)$ 达到最小，也就是求解以下的双目标均值—方差最优化问题：

$$\begin{cases} \min\ (-EX(T), VarX(T)) \\ s.t.\ X(t), \pi_i(t)\ satisfy\ (7.12), \\ l_i \leqslant \pi_i(t) \leqslant h_i, \\ l_i, h_i \geqslant 0 \end{cases} \tag{7.13}$$

其中 l_i,h_i 为投资份额的限制，引入 *Lagrange* 乘子 λ ，易知上述问题等价为以下问题

$$\begin{cases}\min -EX(T)+\lambda VarX(T)\\ s.t.\ X(t),\pi_i(t)\ satisfy\ (7.12),\\ l_i\leqslant\pi_i(t)\leqslant h_i,\\ l_i,h_i\geqslant 0\end{cases}\tag{7.14}$$

上述优化问题并不是一个标准的随机最优控制问题，Zhou X. Y. and Li D.（2000）通过嵌入法得到一个易处理辅助问题，为了求解（7.14）的最优策略，根据嵌入法进而可以转化为如下优化问题

$$\begin{cases}\min E(\lambda X^2(T)-\omega X(T))\\ s.t.\ X(t),\pi_i(t)\ satisfy\ (7.12),\\ l_i\leqslant\pi_i(t)\leqslant h_i,\\ l_i,h_i\geqslant 0\end{cases}\tag{7.15}$$

其中参数 $\lambda\in R^+,\omega\in R$ ，令 $d=\dfrac{\omega}{2\lambda},x(t)=X(t)-d$ ，则式（7.12）化为

$$dx_t=(r_t+\pi_1\mu_s+\pi_2\lambda_r\sigma_rB(t,T)+\sigma_\psi^2-\pi)(x_t+d)dt-\sigma_\psi(x_t+d)dZ_\psi$$
$$+\pi_2\sigma_rB(t,T)(x_t+d)dW_1(t)+\pi_1\sigma_s(x_t+d)dW_2(t)\tag{7.16}$$

上式是一个非齐次线性 SDE，其目标函数成为 $E(\lambda X^2(T)-\dfrac{\omega^2}{4\lambda})$ ，进一步地忽略了常数项 $-\dfrac{\omega^2}{4\lambda}$ ，因为它对上述优化问题的求解没有影响，上述优化问题通过嵌入法处理得到标准的随机最优控制问题，其最优解可以通过求解下面 LQ 优化问题来得到：

$$\begin{cases}\min E[\dfrac{1}{2}x(t)2],\\ s.t.\ x(t),\pi_i(t)\ satisfy\ (7.16),\\ l_i\leqslant\pi_i(t)\leqslant h_i,\\ l_i,h_i\geqslant 0\end{cases}\tag{7.17}$$

7.1.2　改进数值逼近算法的模型求解

(1) HJB 方程

根据随机最优控制理论，运用贝尔曼最优性原理，值函数 $V(x,r,\pi)$ 满足如下 HJB 偏微分方程：

$$\begin{cases} V_t + \min\limits_{\pi(t)}\{V_x[(r_t + \pi_1\mu_s + \pi_2\lambda_r\sigma_r B(t,T) + \sigma_\psi^2 - \pi_t)(x_t + d)] \\ + \frac{1}{2}V_{xx}[({}^{x}_{t} + d)^2(\sigma_\psi^2 + ({}^{\pi}_{2}\sigma_r B(t,T))^2 + ({}^{\pi}_{1}\sigma_s)^2)] \\ + V_r\alpha(\beta - r_t) + \frac{1}{2}V_{rr}\sigma_r^2 + V_\pi k(\bar{\pi} - \pi_t) + \frac{1}{2}V_{\pi\pi}\sigma_\pi^2 \\ + V_{xr}\pi_2\sigma_r^2 B(t,T)(x_t + d)\} = 0 \\ V_0(x,r,\pi) = \frac{1}{2}x^2 \end{cases} \tag{7.18}$$

由于价值函数通常继承了其目标函数的函数形式，基于 Kim 和 Omberg (1996) 对类似方程的特殊解的构建方法，采用待定系数法假定值函数具有如下形式的解：

令 $V(x,r,\pi) = V_0 + \frac{1}{2}V_1x^2 + \frac{1}{2}V_2r^2 + \frac{1}{2}V_3\pi^2 + V_4xr + V_5x\pi + V_6r\pi + V_7x + V_8r + V_9\pi$，则有

$$V_x = V_1x + V_4r + V_5\pi + V_7,\ V_{xx} = V_1,\ V_r = V_2r + V_4x + V_6\pi + V_8,$$
$$V_\pi = V_3\pi + V_5x + V_6r + V_9,\ V_{rr} = V_2,\ V_{\pi\pi} = V_3,\ V_{xr} = V_4$$

由最优控制问题的一阶必要条件可得最优投资策略为：

$$\begin{cases} \pi_1^* = -\dfrac{V_x\mu_s}{V_{xx}\sigma_s^2(x_t + d)} \\ \pi_2^* = -\dfrac{V_x\lambda_r + V_{xr}\sigma_r}{V_{xx}\sigma_r(x_t + d)B(t,T)} \end{cases} \tag{7.19}$$

将 $V_x, V_{xx}, V_r, V_\pi, V_{rr}, V_{\pi\pi}, V_{xr}, \pi^*(t)$ 代入贝尔曼方程，并令其等于 M 即：

$$M = V_x[(r_t + \pi_1^*\mu_s + \pi_2^*\lambda_r\sigma_r B(t,T) + \sigma_\psi^2 - \pi_t)(x_t + d)] + \frac{1}{2}V_{xx}$$
$$[({}^{x}_{t} + d)2(\sigma_\psi^2 + ({}^{\sigma}_{r}B(t,T))2 + ({}^{\sigma}_{s})2)] + V_r\alpha(\beta - r_t) + \frac{1}{2}V_{rr}\sigma_r^2$$

$$+ V_{\pi}k(\bar{\pi} - \pi_t) + \frac{1}{2}V_{\pi\pi}\sigma_{\pi}^2 + V_{xr}\pi_2^*\sigma_r^2B(t,T)(x_t + d) \tag{7.20}$$

（2）改进的数值逼近算法

作为有效的数学渐进方法，数值逼近算法有着悠久的发展历史。由于实际问题中能够归纳出来的金融问题往往比较复杂，很难用通常的数学方法得到解析解，数值逼近算法是一种渐进的分析方法，可以对微分方程解的全局性行为进行定性和近似定量的系统分析，是非线性问题非常有效的解决方法，被越来越广泛地应用。在采用数值方法处理非线性问题时，如差分法、有限元法、边界元法等，一般要对非线性偏微分方程进行数值离散，选择合适的算法将非线性问题转化为特定的代数方程组，采用逼近算法为线性、非线性问题提供所需精度任意高阶的逼近解。本章研究所基于的均值—方差随机微分方程由于含有卖空限制等约束，很难通过经典的偏微分算法选择适当的权函数把空间求解域上的微分方程转化为其边界上的积分方程来获得其内部任意点的函数值，也比较困难将求解区域划分成有限个规则的几何单元并将边界单元的非线性项有效地进行局部线性化处理，直接导致有可能在其某个子区域收敛的缺陷以及在较复杂边界区域内边值问题参数难以确定的弊端。本章在有限差分法的基础上，根据 Taylor 级数展开的方法，用网格节点上的函数值差分替代微分，用有限网格节点代替不规则求解区域，基于最小二乘思想建立以网格节点上值的欧氏距离为目标变量的最优化问题，通过对局部不规则边界的线性插值函数逼近的多重网格近似算法来求解最优投资策略从而得到原问题的解。本章主要考虑有限时域的连续时间随机最优化问题，值函数的自变量主要考虑刻画财富、通货膨胀和利率等随机运动状态的参数 x,r,π ，然后将 x,r,π 多重网格离散化处理，代入式（7.20）形成一组向量 $\{M_1,M_2,\cdots,M_k\}$ ，经过以上处理后，相应的 HJB 方程转化成如下带有约束的最优化问题，可以方便得到其最优投资策略。

$$\begin{cases} \min \ \|M\|^2 \\ s.t.\ \ x(t),\pi_i(t)\ satisfy\ (7.16), \\ l_i \leqslant \pi_i(t) \leqslant h_i, \\ l_i,h_i \geqslant 0 \end{cases} \tag{7.21}$$

该问题是一个带有非线性约束的最优化问题，在第六章的数值逼近算法的基础上，对约束空间可行域的边界进行样条插值的光滑化处理，使得多重网格的离散节点分布更均匀和稠密，逼近效果趋近更优，最终采用遗传算法求解得到投资者合意的最小风险控制下的最优投资策略。即对给定的初始财富，寻找投资策略 $\pi_i^* \in [l_i, h_i]$，在满足上述方程要求的约束条件下，使得投资者期望的终端财富最大并且终端财富的风险最小。

7.2　基于支持向量机的参数估计

金融市场中普遍存在信息不完全和信息非对称的现象，在非完全有效市场下，市场价格并没有充分反映所有过去历史的证券价格信息，包括股票的成交量、成交价、买空卖空金额、融资金额等，股价的涨跌具有某种可预测的规律性，股价的历史数据蕴含着大量亟待挖掘的可用信息。为了揭示金融市场价格波动的不稳定性和复杂变化的特征，解决本质上非线性的优化问题，本章在最小化模型的结构风险的基础上充分利用支持向量机良好的推广性能和优异的泛化能力来预测股票价格中内含的非线性、时变参数，采用引入非线性核映射的基于 ε －不敏感函数的 SVM 方法通过基本面分析和技术面分析相结合的方式进行预测，从而得到优化方程中所需要的各主要参数估计。其中，交易费用由平均交易成本和冲击成本加权合成，冲击成本包含两个部分：一是流动性溢价，二是价格反向变化导致的高于最优买卖报价中值的成本。资产的平均收益率和波动率由市场上具有代表性的股票指数根据一定数据粒度的移动平均价生成；利率期限结构部分的漂移项和扩散项可由观测到的利率收益率变量的一阶和多阶差分近似得到。由于证券市场具有普遍的尖峰厚尾和非线性有偏特性，随机微分方程描述的股价运动状态容易发生结构变化的现象。因此，本章先采用支持向量机方法选一定时域的样本进行非线性最优逼近，然后选另一时域的测试样本进行预测从而得到最终的参数估计值。

7.3　实证研究

本章选择沪深 300 指数和中债指数为股票和债券的参照物，选取研究时段为2011年1月1日到2011年12月30日的一年期的数据作为测试对象，首先通过基于基本面分析和技术分析的方法采用支持向量机方法进行预测，从而得到连续时间模型中各参数的估计值，最后根据通货膨胀和利率的实际环境利用本章提出的投资组合模型构造大类资产配置组合，并与该年份市场上有代表性的同类型基金和沪深300指数相比较以便测试其优越性能和超越指数的表现，试图说明连续时间投资组合策略的科学性和可行性。

7.3.1 模型参数估计

本章通过支持向量机预测的方法进行参数估计，风险资产以沪深300指数为参照物，选用的输入变量为：年最高价、年最低价、年开盘价、年成交量、年成交金额、年平均换手率、A股流通市值、市盈率和市净率，以年均价及其波动率作为输出变量进行非线性预测。利率部分参考金融机构人民币一年期定期存款基准利率，然后和中债指数加权合成得到其预测参数。预测结果结合当年的实际情况和一些不规则及突发事件的影响，在综合分析估计结果的基础上通过德尔菲法做了进一步调整，表14列出了采用支持向量机得到各变量的估计值。

表14 支持向量机得到的各参数值

α	β	r	d	μ_s	σ_ψ
0.5	0.035	0.0325	2.25	−0.2515	0.527
k	$\bar{\pi}$	σ_π	λ_r	σ_r	σ_s
0.5	0.05417	0.167	0.1294	0.125	0.1107

7.3.2 连续时间最优资产组合的优化结果

支持向量机中的主要参数经过粒子群算法优化得到，PSO算法采用收缩因子方法进行优化，取粒子个数为80个，加速因子c1、c2分别取值1.49，迭代次数为300，个体和速度的最大最小值分别为2，−2，0.5，−0.5，支持向量机采用高斯核函数，通过对样本数据集的任意比例随机分割、任意确定随机试验次数和顺序循环取不同的模型参数来进行交叉验证，经过粒子群优化后SVM的参数 $C = 512, \sigma = 0.00098, \varepsilon = 0.157$ ，与其他线性核、

柯西核函数和拉普拉斯核函数相比，采用高斯核函数，预测效果最优。优化方程中的参数设置为：初始财富按1个单位核算，为了跟市场上同类型基金相对比，投资组合里各不同资产的配置比例与同类型基金要求基本相同，股票的投资比例下限不低于0.6，上限不超过0.95，债券的投资比例下限不低于0.1，上限不超过0.95。多重网格的状态参数为 $x_{max} = 2, r_{max} = 3.5$，$\pi_{max} = 6.5$，网格的划分范围为 $x \in [0.55, 2]$，$r \in [3, 3.5]$，$\pi \in [4.1, 6.5]$，间隔分别为 $\Delta x = 0.05, \Delta r = 0.21, \Delta\pi = 0.2$ 网格点数为 $N_x \times N_r \times N_\pi$ 共有4320个格点，代入方程（7.21）生成向量 $\{M_1, M_2, \cdots, M_k\}, k = 4320$，由此得到值函数各参数和目标函数的最小值 $\min(\|M\|^2)$ 为0.00017467，表15列出了数值逼近得到值函数在测试期间的各参数值，然后通过得到的值函数各参数值代入方程（7.19）即可求得各风险资产在不同网格点及不同财富状态下的投资策略。图6显示了考虑通胀情况和随机利率环境下债券和股票投资比例变化的情况，不难看出，通货膨胀情况下债券/股票投资比例变化呈波峰波谷状演变，原因在于通货膨胀会改变资产价格引起财富的再分配从而导致投资组合策略随之变化，尤其在遇到比较严重的通货膨胀时出于规避风险的要求，投资组合会主动增加债券和无风险资产的头寸从而避免风险资产价格下跌而带来更大的损失；同时由于利率、汇率等宏观经济因素的不确定性增加了投资风险造成投资机会集的变动从而对投资策略产生显著影响，为了规避长、短期利率造成的不利影响，随着市场整体风险水平的增加，投资组合的风险资产头寸逐步降低，相比之下无风险资产头寸在逐步增加，这通常与实际环境中专家的投资建议是相符合的。由此可见，通货膨胀以及利率、汇率风险及其规避问题是不容忽视的，通货膨胀和利率等因素会较显著地改变资产组合的选择，相应的资产配置策略将会随之而发生变化。资本资产定价模型和两基金分离定理指出，投资者应该对无风险资产和有效投资前沿上的切点资产组合进行投资，且对于不同风险厌恶水平的投资者来说，债券与股票的比值应该满足有效前沿上切点组合的线性关系，也即投资者只需维持固定的比例就可以保证总资产最优。但是实际的金融市场中，由于通货膨胀和利率变动以及其他经济现象的存在，投资组合中不同资产的投资比例是与当时的经济环境和投资者的异质信念等因素有很大关系的，债券同股票之间的比例也会发生变动，并

不像两基金分离定理描述的那样只需维持简单线性关系就可以保证总资产的最优。对那些长期投资者来说，本章无疑给出了一个资产组合选择策略的最优建议，对资产配置及组合管理具有重要的指导意义。另外，为进一步考察采用本章提出的连续时间投资组合优化方法得到的投资组合的具体效果，从 Wind 咨询引入当年不同类型的各种基金作为比较对象以反映不同投资组合间的差别，表 16 列出了连续时间投资组合和 186 只混合型基金、514 只股票型基金、159 只被动指数型基金、24 只增强指数型基金、25 只封闭式基金和 70 只 QDII 基金的收益情况以及超越沪深 300 指数的表现，其中，连续时间投资组合的投资策略采用三元组｛股票，债券，无风险资产｝表示。从表 16 不难看出，采用连续时间的动态投资组合策略在绝对收益率、超额收益即超越沪深 300 指数方面都优于市场上同类型优质基金的投资策略，实证研究表明，本章提出的连续时间的动态投资组合模型相比其他组合的投资策略收益率更高，相对风险更低，且整体投资组合风险收益的安全边界更高，从一定意义上验证了连续时间动态调整策略的优越性。

表 15　数值逼近得到值函数在测试期间的各参数值

V_0	V_1	V_2	V_3	V_4
-0.0757	-2.86958	7.80049	-0.05794	-1.59953
V_5	V_6	V_7	V_8	V_9
1.7354	0.09041	0.4608	-0.67531	-3.43692

表 16　不同组合的收益情况和业绩比较

组合类别	组合收益中位数	组合平均收益	超越沪深 300 指数
混合型基金（186 只）	-0.217561	-0.211902	0.009598
股票型基金（514 只）	-0.239253	-0.243834	-0.022334
被动指数型基金（159 只）	-0.230189	-0.234908	-0.013410
增强指数型基金（24 只）	-0.205441	-0.209430	0.012070
封闭式基金（25 只）	-0.215473	-0.219264	0.002236
QDII 基金（70 只）	-0.211455	-0.200383	0.021117
连续时间资产配置［0.7124，0.1000，0.1876］绝对收益 -0.14832 相对收益 0.07327			

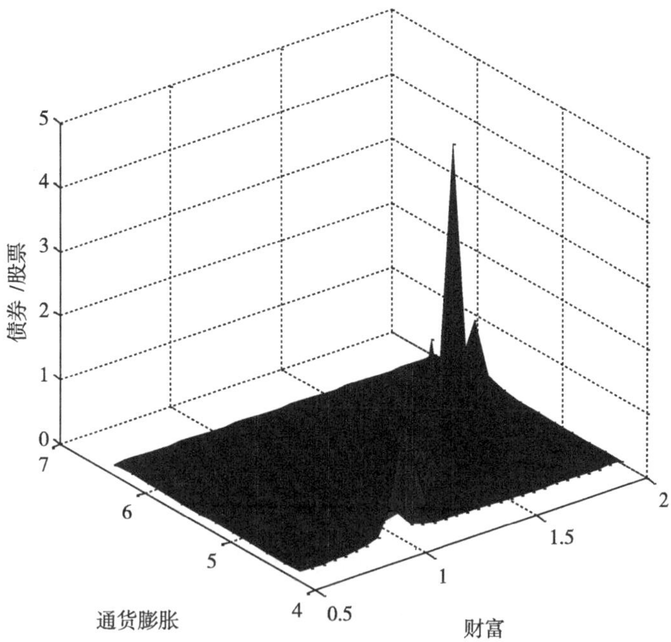

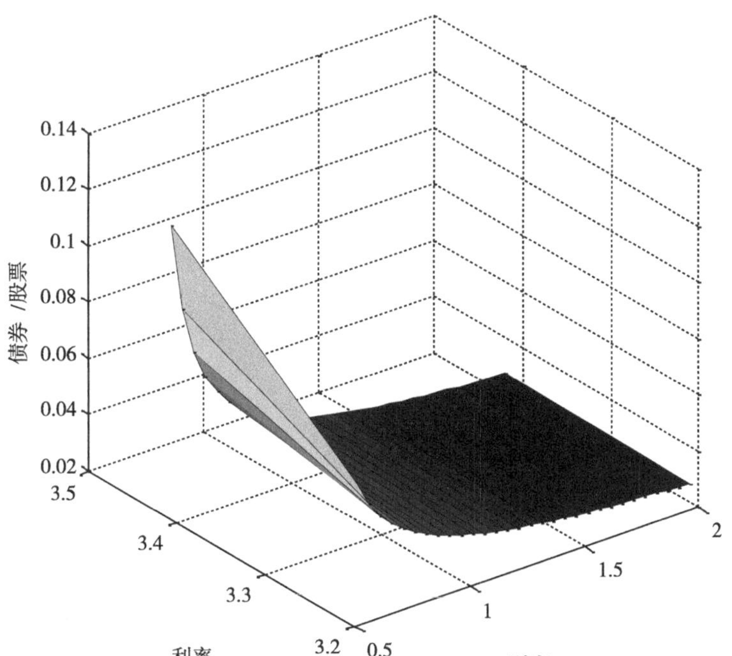

图 6　考虑通胀情况和随机利率环境下债券股票投资比例变化示意图

7.4 本章小结

本章研究了通货膨胀、随机利率和交易成本等因素影响下且利率服从Vasicek随机过程的连续时间投资组合选择的最优化问题，通过数值逼近方法求解相应的HJB方程和利用嵌入法得到双目标优化问题的最优投资策略，并用实证的方法与国内证券市场上同类型资产配置优质基金的最优投资策略进行了对比研究，通货膨胀、随机利率和交易成本的引入使得模型更符合实际的金融市场，通货膨胀和利率变动以及经济环境和投资者的异质信念等因素均会对最优策略产生影响，债券同股票之间的比例并不是维持固定比例就可以保证总资产的最优。实证的结论对资产配置及组合管理具有重要的指导意义，可以为投资者和投资机构提供科学的理论依据。实际投资环境中，借贷利率是不同的且利率的影响因素极其复杂，投资组合的管理还会受到负债条件的限制，利率的期限结构和其服从的随机过程很难被明确地确定下来。因此进一步研究有关利率模型下资产—负债管理问题的最优投资策略，考虑利率服从更加复杂的利率模型且利率与风险资产存在一般的相关性，深入分析负债情形下多种风险资产的最优投资策略问题将是一个更加吸引人的研究领域，相关方面探索亟待进一步深入。

第八章　含股指期货的投资组合套利策略研究

在金融市场国际化的大趋势下，衍生工具市场以惊人的速度得到迅猛发展，进入了国际化发展阶段，成为金融市场以及社会经济生活的重要组成部分，不仅从交易方式、交易品种和避险手段上丰富了金融市场，也极大地改变了投资者的思维模式和投资方式。远期、期权、期货、互换交易已在全球范围内实现了不停顿的连续交易，成为全球一体化金融市场的主要表现。金融衍生产品就是为了规避市场系统性风险和现货交易风险的需要而产生的，其基本功能是给未来的现金流提供某种程度的确定性，从而避免了价格波动的风险和消除掉市场未来不确定性带来的影响。Markowitz通过证券组合选择的方法只能降低非系统性风险，然而，对于市场系统风险的分散而言资产配置组合依然无能为力，收益与风险相生相伴。如何确定合理有效的投资策略规避系统风险是摆在投资者面前一个严峻而现实的问题，随着股指期货的推出，其特有的卖空机制为资产管理者提供了一种管理市场风险的重要手段，利用它可以有效地对冲证券市场的系统性风险。自1982年堪萨斯交易所首次推出股指期货以来，各个主要国家相继推出了自己国家股票市场的股指期货。平稳推出股指期货不仅对于完善市场功能、改善市场结构、健全金融市场的内在稳定机制和风险对冲机制具有积极意义，而且能够增加市场创新功能，提高市场运行质量，使得金融系统更加灵活和富有弹性，有助于金融市场更加健康、稳定和可持续发展。同时，股指期货的运用，给机构投资者和资金实力雄厚的个体投资者创造了新型投资策略，为实现更加完善的收益和风险的完美均衡，提供了必要的潜在手段和风险管理工具。我国首张股票指数期货—沪深300股指期货已于2010年4月16日推出，对我国A股市场产生了重要影响。随着证券市场的不断发展和完善，投资者的交易模式、交易策略、资产配置模式将发生重大的变化，投资组合模型在套期保值和组合对冲及套利方面的研究有了相当的进展，推动和激发了相关领域研究的启蒙与发展。

资本资产定价理论指出资产的收益由两个部分构成即与市场风险无关的且超越市场表现的超额收益称作 Alpha 和来自市场风险补偿的期望收益称为 Beta。利用股指期货可以实现 Alpha 收益的分离、移植和对冲，股指期货出现后其重要的投资策略大大提升了 Alpha 策略的地位。对于 Alpha 收益组合，可以从构建有效超越市场表现的投资组合出发，设计出与标的期货指数高度相关而又跟踪误差最小的各种投资策略在有效降低系统风险的同时来实现这部分收益。沪深 300 股指期货的推出为此提供了良好的契机，可以进一步完善投资组合套利策略，实现 Alpha 和 Beta 的分离，将投资组合的风险降到最低，最大限度地实现量化策略的效果。

股指期货的套利通常取决于两个方面的问题：第一，确定期现套利的最优对冲比率。第二，现货投资组合的构建。常用的现货投资组合是在跟踪误差最小的情况下通过跟踪标的指数来实现，组合里只包含部分指数的成分股，组合对指数的跟踪效果直接影响套利收益。建立跟踪标的指数的投资组合方法可分为：(1) 最直接的复制指数的方法即完全复制法。(2) 分层抽样法即维持组合内个别行业的比重与股价指数的比重相同，忽略行业中比重较小的股票。(3) 市值权重模型即按照一定原则抽样选出若干只股票，然后根据各只股票的市值确定各自的权重。(4) 最优化模型通常按照一定原则抽样选出多种股票，然后利用非线性最优化模型，计算出投资于各只股票的权重。上述办法由于实际操作时要用上百只股票进行套利有相当大的难度，建构与维护成本都很高，对套利者来说有时间压力，实用性很低，获利能力很差。本章主要针对完全复制等方法存在的问题和仅以跟踪误差作为跟踪目标函数的不足，考虑实际交易中的卖空限制和买卖数量限制以及投资组合中股票数量的限制等约束，以跟踪误差的下降风险最小化和超额收益最大化两者作为双重优化的目标函数，即遗传算法的适应度函数，采用基于遗传神经网络的混合策略来优化现货投资组合，使所构建的投资组合在负向跟踪误差最小的情况下实现超额收益最大，从而使得期现投资组合对冲后的 Alpha 收益最大。该混合策略能同时优化神经网络结构和权重向量，使改进的遗传算法具有进化规划和进化策略的优点，同时采用自适应的交叉变异策略以及最佳个体保留策略使得遗传搜索空间的群体多样性更好，加快了遗传算法的收敛速度，提高了神经网络连接权系数的优化精度。实证结果表明：应用混合遗传神经网络策略进行现货投资组合的构建可以有效实现基于无择时的结构化对冲收益的最大化。

8.1　基于 Alpha 套利的投资组合优化模型

8.1.1　Alpha 套利的投资组合构建

构建 Alpha 套利的投资组合关键是寻求超越标的指数的现货组合，沪深 300 指数由于与其对应的沪深 300 股指期货存在天然的关联关系，其走势有比较强的一致性。因此，选择沪深 300 指数里的成分股构建 Alpha 套利组合不失为一种好的方法，成分股一方面与指数有比较高的相关性，在走势上不至于与指数有太大的背离，尤其是大的负向背离情况比较少；另一方面，沪深 300 指数是其成分股按照一定规则编制出来的，即按照市值加权平均出来的结果，成分股里必然存在其收益比加权平均收益即指数收益高的投资标的，这就为寻找合理的 Alpha 源开辟了有效途径，同时也为构建有效的投资组合打下坚实的基础。智能优化算法由于具备出色的全局寻优能力和动态搜索特点，为找寻比较高的超越沪深 300 指数表现的投资标的创造了高效手段，使所构建的投资组合经过期现对冲后获得比较大 Alpha 收益成为可能。当前智能计算领域已经出现了很多种智能优化算法，如模拟退火算法（SA）、遗传算法（GA）、禁忌搜索法（TS）、神经网络算法等，虽然每种算法都较以前的经典算法有所改进，但随着问题规模和复杂程度的加大，单一的算法性能已受到局限。所以，如何合理地结合以构造新的算法使多种算法取长补短，这是提高算法优化性能的有效途径。本章将遗传算法、模拟退火算法和 BP 神经网络结合使用，利用并行 GA 的群体搜索和 BP 的特性，构造 GABP 优化模型，以跟踪沪深 300 指数的负向偏离误差为最小化风险目标和超额收益最大化两者作为双重优化的目标函数，在采用遗传神经网络的混合优化策略的基础上引入退火算子来增强全局优化能力。以下是构建 Alpha 套利投资组合的优化模型及其相关定义。

跟踪沪深 300 指数的负向偏离误差为：

$$TE = \frac{1}{T}\left[\sum_{i=1}^{N} \left|\min(0, r_t - R_t)\right|^{\alpha}\right]\frac{1}{\alpha} \tag{8.1}$$

其中，采用跟踪组合收益率与目标指数收益率差额的二次项来刻画和衡量跟踪误差，即用非中心的二阶矩偏差来刻画误差项，这里取 $\alpha = 2$。

超额收益率为：

$$r^* = \frac{1}{T}\sum_{i=1}^{N}(r_t - R_t), t = 1,2,\cdots,T \tag{8.2}$$

即投资组合的总收益与目标指数总收益的总差距。

收益率为价格的对数增长率：

$$\ggg{r}_{i,t} = \ln(P_{i,t}) - \ln(P_{i,t-1}) \tag{8.3}$$

组合的加权收益率为：

$$r_t = \sum_{i=1}^{N} \ggg{r}_{i,t} x_i, t = 1,2,\cdots,T \tag{8.4}$$

构建套利投资组合的 Alpha 来自超额收益的最大化，并且使得该组合与标的指数不能够发生大的负向偏离。即：

$$\begin{aligned} &\max\left[\frac{1}{T}\sum_{i=1}^{N}(r_t - R_t)\right], t = 1,2,\cdots,T \\ &\min\left\{\frac{1}{T}\left[\sum_{i=1}^{N}\left|\min(0, r_t - R_t)\right|^{\alpha}\right]\frac{1}{\alpha}\right\} \end{aligned} \tag{8.5}$$

令 λ 为上述两目标之间的平衡因子，其变化体现了跟踪的负向偏差最小化和超额收益之间蕴含的权衡关系，平衡能力采用自适应的办法通过混合优化策略在全局寻优过程中动态实现。因此可以得到优化目标函数为：

$$\min\lambda \times TE - (1 - \lambda) \times r^*, 0 \leqslant \lambda \leqslant 1 \tag{8.6}$$

即：

$$\min\left\{\lambda \times \frac{1}{T}\left[\sum_{i=1}^{N}\left|\min(0, \sum_{i=1}^{N} \ggg{r}_{i,t} x_i - R_t)\right|^{\alpha}\right]\frac{1}{\alpha} - (1 - \lambda) \times \frac{1}{T}\sum_{i=1}^{N}\left(\sum_{i=1}^{N} \ggg{r}_{i,t} x_i - R_t\right)\right\}, 0 \leqslant \lambda \leqslant 1 \tag{8.7}$$

约束条件为：

$$
\begin{aligned}
&P(\sum_{i=1}^{N}\tilde{r}_{i,t}x_i \leqslant -VaR_\alpha) = (1-\alpha),\mathrm{t} = 1,2,\cdots,T\\
&\sum x_i = 1\\
&\varepsilon_i \leqslant x_i \leqslant \delta_i
\end{aligned}
\tag{8.8}
$$

其中 $P(\sum_{i=1}^{N}\tilde{r}_{i,t}x_i \leqslant -VaR_\alpha) = (1-\alpha),t = 1,2,\cdots,T$ 是控制组合的整体风险而增加的 VaR 约束，可转换为等价的约束关系式：$VaR_\alpha = \sigma(\sum_{i=1}^{N}\tilde{r}_{i,t}x_i)\Phi^{-1}(\alpha) - E(\sum_{i=1}^{N}\tilde{r}_{i,t}x_i)$，$E(\sum_{i=1}^{N}\tilde{r}_{i,t}x_i)$ 和 $\sigma(\sum_{i=1}^{N}\tilde{r}_{i,t}x_i)$ 分别表示加权收益率的均值和方差，$\Phi(\cdot)$ 为标准正态分布的分布函数，α 为置信水平，对应于一定的显著水平，上述参数可由遗传算法在寻优过程中计算得到，得到具体值后，就可以确定约束空间。

8.1.2　Alpha 套利策略

Alpha 套利的收益来源除了产生于具有超额收益的投资组合，最优的对冲比率确保预期的超额收益不被分散掉。常用的方法是在最小化期现投资组合方差的框架下进行研究，假设进行多头期现对冲，现货持有数量为 1，在 t 期的收益率为 $r_{s,t}$，需要卖空 h 比例的期货来进行对冲，期货在 t 期的收益率为 $r_{f,t}$，那么整个对冲组合的收益率为：

$$r_{p,t} = r_{s,t} - hr_{f,t} \tag{8.9}$$

求 h^* 使得 $r_{p,t}$ 的方差最小化，可以得到：

$$h^* = \rho\frac{\sigma_s}{\sigma_f} \tag{8.10}$$

其中，ρ 为期货和现货收益率的相关系数。

如果采用最小二乘法来对 h 进行估计，可以回归得到关系式：

$$r_{s,t} = \alpha + \beta r_{f,t} + \xi_t \tag{8.11}$$

这样就可以得到最小二乘法下的最优对冲比率 $h^* = \beta$。

由最小二乘法下的最优对冲比率的方法可以看出，控制组合的 Beta 值是风险管理中最重要的因素之一。组合投资管理者可以及时改变组合的风险暴露实施更为灵活的市场时机选择策略。组合管理者调整组合风险通常有三种方法，即调节组合的现金持有比例，下跌时卖出股票增加现金，反之则反；二是在预测市场下跌时减持高风险值股票，增加低 Beta 值股票的持有比例从而调节整个组合的 Beta 水平；第三种就是通过股指期货合约改变组合的风险系数。在判断市场下跌时，调整组合 Beta 值至合理水平，降低投资组合的风险。反之则买入股指期货合约。由于股指期货市场较股票现货市场具有更好的流动性，因此以上三种方法中，利用股指期货合约进行调节是交易成本最为低廉的方法，尤其对于那些与本章提出的基于遗传神经网络优化的现货投资组合而言，是最为理想的方法之一。

8.2 遗传神经网络优化算法的实现

8.2.1 自适应的遗传算法及其混合编码

遗传算法是一类借鉴生物界的优胜劣汰的进化规律演化而来的随机化搜索方法，不存在求导和函数连续性的限定，具有更好的全局寻优能力；采用概率化的寻优方法，通过自我调整搜索方向，自动获取和指导优化的搜索空间，不需要确定的规则。自适应的遗传算法与标准遗传算法相比在选择、交叉、突变等遗传操作方面做了改进，使得优胜劣汰的原则对染色体进行遗传变异的能力变得更加有力，由此生成的新的可行解群体整体性能不断改善，经过若干代繁衍进化后就可使群体性能趋于最佳，从而获得逼近最优解。其中变异操作选用均匀变异方法，用符合某一范围内的均匀分布的随机数来替换个体编码串中原有基因值。交叉因子与变异因子能够进行自我调节，使算法不易陷于局部最优，两者分别由下面两式给出：

$$p_c = \begin{cases} p_{c2} - \dfrac{(p_{c1} - p_{c2})(f' - f_{avg})}{f_{\max} - f_{avg}}, f' \geqslant f_{avg} \\ p_{c1}, f' < f_{avg} \end{cases}$$

$$p_m = \begin{cases} p_{m2} - \dfrac{(p_{m1} - p_{m2})(f - f_{avg})}{f_{\max} - f_{avg}}, f \geqslant f_{avg} \\ p_{m1}, f < f_{avg} \end{cases} \tag{8.12}$$

式中 f_{max} 为群体中最大的适应度值，f_{avg} 为每代群体的平均适应度值，f' 为要交叉的 2 个个体中较大的适应度值，f 为要变异个体的适应度值，p_{c2} 及 p_{c1} 分别表示交叉概率取值的下限和上限，p_{m2} 及 p_{m1} 分别表示变异概率取值的下限和上限，每步遗传操作后均须进行归一化处理。

遗传算法的主要步骤如下所示：

（1）编码：本章中神经网络采用二进制编码的三层网络结构 20－5－1，权值系数采用引入退火机制的实数值编码，初始群体每个混合编码串由 210 个元素组成，前 105 个是随机生成的 0 或 1 的二进制码，后 105 个为根据退火算法生成的表示网络权值的实数码。

（2）初始群体的生成：随机产生 N 个初始串结构数据，每个串结构数据称为一个个体，N 个个体构成了一个群体，染色体上的每一个基因代表 1 只股票，1 条染色体就代表 1 种投资组合；实数编码受约束条件的限制，其权值代表投资比例且所有权值和为 1，GA 以这 N 个串结构数据作为初始点开始迭代。

（3）适应度值评估检测：适应度函数表明个体或解的优劣性，对不同的问题，适应性函数的定义方式也不同。本章选取目标函数的倒数为适应度函数，选择算子采用所有个体适应度的平均值，低于适应度平均值的个体被淘汰，在下次交叉之前用随机编码补齐被淘汰个体。选择的目的是为了从当前群体中选出优良的个体，使它们有机会作为父代进行繁殖，选择实现了达尔文的适者生存原则。

（4）自适应的交叉和变异算子：交叉操作是遗传算法中最主要的遗传操作，通过交叉操作可以得到新一代个体，新个体组合了其父辈个体的特性，交叉体现了信息交换的思想。变异首先在群体中随机选择一个个体，对于选中的个体以一定的概率随机地改变串结构数据中的某个值。同生物界一样，GA 中变异发生的概率比较低，变异为新个体的产生提供了机会。本章自适应算子中最大交叉率为 0.9，最小交叉率为 0.6，最大变异率为 0.1，最小变异率为 0.001，交叉率与变异率分别为 0.75 和 0.05。

（5）退火算子：模拟退火算法是基于迭代求解策略的一种随机寻优方法，其出发点是基于物理中固体物质的退火过程与一般组合优化问题之间的相似性。SA 算法在某一初温下，伴随温度参数的不断下降，结合概率突跳特性在解空间中随机寻找目标函数的全局最优解。SA 算法具有质量高、初始鲁棒性强、通用易实现的优点。本章在权值的编码方面采用实数值编码，为了增强其变异能力，引入退火算子到遗传算法中，使用此方法大大加强了实数权值的变异效果，并且减少了陷入局部极小的概率，可导致快速收敛到全局极小值。对于本章目标函数取最小值的优化问题，SA 接受新解的概率定义为：

$$p = \begin{cases} \exp\left[-\dfrac{f(x') - f(x)}{T}\right], f(x') \geq f(x) \\ 1, f(x') < f(x) \end{cases} \tag{8.13}$$

其中，x 为当前解；x' 为新解；$f(*)$ 表示解的目标函数值；T 为温度。上式的含义是：对于当前解和新解，若 $f(x') < f(x)$，则接受新解为当前解；若 $\exp\left[-\dfrac{f(x') - f(x)}{T}\right]$ 大于［0，1］区间的随机数，则仍然接受新解为当前解，否则，将拒绝新解而保留当前解。该过程不断重复，直至满足结束准则，求出最优解。本章将混合编码中表示神经网络权值的实数编码串构成的数列作为模拟退火算法中新解的迭代空间，通过不断地比较当前解和新解直至找到最优权值向量和符合遗传目标函数的全局最优解。

8.2.2 混合编码下的遗传神经网络算法

由于 BP 算法是根据梯度下降的原则设计的，不可避免地带来诸多缺点即学习过程收敛速度慢、算法不完备容易陷入局部极小点和鲁棒性不好、网络性能差及 BP 结构难以确定等。遗传算法计算简单，对问题依赖性小，可以采用高效启发式搜索多点并行操作，而非盲目或随机搜索，属于粗粒度计算的全局搜索优化，本章选用遗传算法来优化 BP 神经网络，使算法和 BP 算法互为补偿。GABP 算法吸取 GA 算法和 BP 网络点，抑制了二者的缺点，是一种计算简单且高效的全局性精确寻优方法。GABP 优化模型的基本方法先利用 GA 并行搜索空间的一群个体，构建不断进化的群体序列，得到具有全局性的好解，然后利用这些相对满意的好解设计神经网络，利用 BP 神经网络得到问题的最优解。其具体算法如下所示：

（1）解空间内编码，构造目标函数的倒数为适应度函数；

(2) 随机产生 100 个个体的初始化种群，并根据混合编码方式进行编码，对于权值系数部分采用退火算子来进行实数值编码。

(3) 根据个体的适应度，对群体中的个体进行选择、交叉和变异操作；

(4) 根据一定的终止准则，在进行 N 次后，选取 M 个具有全局性的进化解；

(5) 以 M 个进化解为初始解，设计 BP 网络，获得神经网络的权值和阈值；

(6) 训练神经网络；

(7) 得到满足精度要求的最优解。

整体遗传神经网络的算法流程图如图 7 所示。

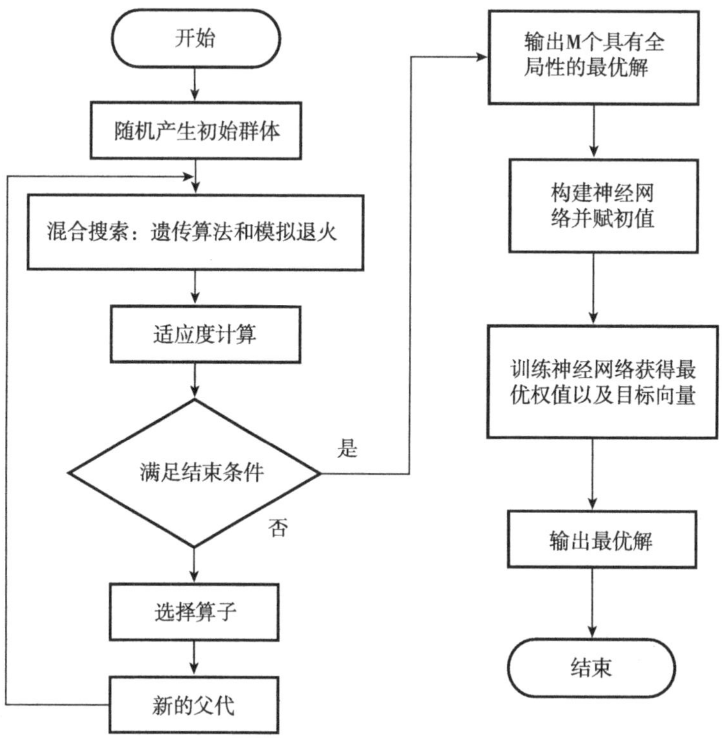

图 7　遗传神经网络算法流程图

8.3 实证研究

本章选择沪深300指数为目标指数，以其成分股作为被选股票，通过优化的方法构造现货投资组合并与等比例资产分配法和市值加权分配法相比较以便测试其超越指数的表现。然后，根据构建的投资组合与股指期货进行对冲操作，试图说明基于遗传神经网络投资组合套利策略的可行性和实用性。

8.3.1 数据预处理

金融市场是一个非常复杂和开放的非线性系统，股票价格走势变化多端，沪深300指数成分股的变化规律更是极其复杂，如果直接对成分股里的300只股票进行遗传神经网络算法的优化，势必加大寻优空间和时间，增加了分析问题的难度。因此，有必要采用其他智能算法对成分股股票数据进行预处理，以便缩小搜索空间，增强寻优能力，快速确定投资范围和锁定投资标的。为此，本章提出了基于支持向量机的结合股票内在价值和市场价格因素的综合估值法对成分股进行预选并最终锁定构建投资组合的股票组合。支持向量机是建立在统计学习理论和结构风险最小原理基础上具有很强推广能力的一种机器学习方法，它利用观测样本数据训练得到的规律确定某种映射关系以便实现对未来数据的预测。支持向量机较传统方法具有小样本学习特性、全局最优和推广能力强等突出优点，非常适合金融市场这样一个非常复杂的非线性系统。

本章主要从经济学金融学的角度来分析企业内在价值和市场状况，从而对股票进行估值，先由相对估值法得到其内在价值因素，再将市场股价结合进来，由支持向量机根据内在价值因素及市场股价得到其股票估值，选取预测值比当前实际值偏离比较大（低估的股票）的前20名股票作为最终的投资组合然后进行遗传神经网络的训练。具体实现为：内在价值因素分别是每股收益（E）、每股现金流（F）和市净率（P/B即股价/每股净资产），它们分别代表了公司业绩水平、成长能力和资产质量以及财务状况等几个重要方面，这几个变量是许多估值方法的常用变量，能够综合体现公司价值及其成长性；市场因素分别选股票过去10日均价、5日均价及其成交量、成交金额和期间的开盘价、收盘价、最高价、最低价，输出目标值只有一个变量即股票价格。得到股票估值的市场价值和内在价值因素之后，便可进入支持向量机进行统计学习，最后即可获得比较符合市场情况的合理估值。其中核函数采用径向基函数的形式以增强其非线性映射能力，如下式所示：

$$K(x,x_i) = \exp(-\frac{\| x - x_i \|^2}{2\sigma^2}) \tag{8.14}$$

8.3.2　实证研究中的具体约束条件和退火参数

（1）初始种群组合中包括20只股票；

（2）$\varepsilon_i = 0.005, \delta_i = 0.1$，即跟踪组合中任何一只股票的投资比例下限为0.5%，上限为10%，设置投资比例下限为0.5%主要是为了防止20只股票中出现投资比例为零的现象，避免投资过于集中到个别股票上，达到有效分散风险和提高组合稳定性的目的；

（3）λ 的初值为1；Var约束下的单日最大下降风险不超过8%；

（4）p_{c1} 及 p_{c2} 分别表示交叉概率取值的下限和上限即［0.6，0.9］，p_{m1} 及 p_{m2} 分别表示变异概率取值的下限和上限即［0.001，0.1］，交叉概率与变异概率分别为0.75和0.05；

（5）指数降温函数采用以下公式更新模拟退火算法的温度：

$$T = 0.95^k T_0$$

其中，T 为当前退火温度；退火温度初值 $T_0 = 100$；k 为控制退火速率的参数，可设为当前迭代次数。

8.3.3　实证方法和实证结果

本章选取研究时段为2010年5月8日到2010年9月30日的日数据作为训练样本，采用上述双目标优化函数，根据规定的约束条件构建套利投资组合并对神经网络进行训练，建立优化的现货投资组合，为了检验所构建的现货投资组合和股指期货合约的对冲绩效，考虑到国内市场上沪深300

股指期货的交易规则，然后以2010年10月1日到2010年10月29日的数据为测试样本，验证基于遗传神经网络算法套利的整体效果。表17列出了根据遗传神经网络算法优化后的20只股票投资组合的资产配置情况，其中实证研究数据来源于Wind数据库，股票价格数据取复权以后的数据。

表17　优化后的20只股票投资组合的资产配置情况

包钢稀土	潍柴动力	厦门钨业	洪都航空	贵州茅台	东方电气	盐湖股份
0.1	0.072	0.1	0.005	0.005	0.005	0.0127
中金黄金	重庆啤酒	山西汾酒	中色股份	锡业股份	山东黄金	潞安环能
0.005	0.1	0.0197	0.005	0.1	0.1	0.005
辰州矿业	徐工机械	江西铜业	云南白药	五矿发展	中材国际	
0.0149	0.1	0.005	0.0457	0.1	0.1	

考虑到投资者的损失规避心理以及由于选择不同的参照点对决策结果的影响，在评价遗传神经网络优化方法得到策略组合的绩效时，从行为经济学展望理论的价值函数出发，建立了更符合投资者行为和心理的相对风险和超额收益率等指标，引用了有代表性的市场指数来区别对待投资者对赢得和损失的不同心理以及能够综合衡量组合收益能力的指标Sharp指数来测度组合的总体性能，使得收益的刻画更加科学客观和风险的计量更显公正和合理。此外，采用比较法相对权衡等比例资产分配法和市值加权分配法与遗传神经网络优化方法投资组合的不同，以便反映不同投资组合间获取收益性能的区别。表18对比分析了各种不同投资组合以及沪深300指数在不同测度指标下的业绩表现。

表18　三种投资组合及沪深300指数在测试期间的业绩表现

组合类别	收益率	标准差	Sharp 指数	超额收益	单位收益风险
遗传神经算法	0.37	0.48	0.76	0.25	1.29
等比例法	0.25	0.47	0.53	0.13	1.88
市值加权法	0.17	0.23	0.61	0.05	1.35
沪深300指数	0.12	0.19	0.48	/	1.58

从表18不难看出，采用遗传神经网络算法在衡量风险和收益的诸多指标即绝对收益率、标准差的风险度量、Sharp指数和相对风险方面都优于等

比例资产分配法和市值加权分配法，在超额收益即超越沪深300指数方面也有不俗的表现，其相对收益比较可观。实证研究表明本章提出的遗传神经网络算法获得的最优资产组合均优于其他策略配置的组合，为创造更高的套利空间提供了强大的智力支持，对防范和规避市场的系统性风险提供强有力的风险管理手段，含有股指期货的套利投资组合极大地丰富了现代投资组合选择的策略，有效地提升了投资者的资产配置能力。

本章在风险最小化的框架下研究最优对冲比率的效果，对训练期样本现货组合指数和沪深300股指期货指数进行了时间序列的最小二乘回归，得到了通过统计检验的显式表达式，求出了最优对冲比率，然后测试样本区间外的套利性能。由于2010年10月8日IF1010合约在15日已交割完毕，距离样本测试期结束日为时尚早，故选用IF1011股指期货合约作为期货的对冲标的，其价格的计算公式为合约点数乘以300，文中假定现货和期货交易均未考虑交易成本和冲击成本的影响，期货交易保证金按20%计算。表19根据实例说明了在测试期间的现货组合和股指期货合约的市值变化，最后分析了整体组合的对冲收益率，得到了比较好的收益结果。现货组合和股指期货收益率的回归方程为：

$$r_{s,t} = 0.0134740005 + 1.166266072 \times r_{f,t} + \varepsilon_t \; \varepsilon_t \sim N(0,\sigma_t^2) \quad (8.15)$$

其中，ε_t 为随机误差项，上述拟合方程的 R - squre 为0.959583，P值为0.00012，相关性为0.97965185。

表19　现货投资组合和期货对冲操作业绩表现

时间	股票市场	期货市场
2010年10月8日	买入价值为920400×1.16=1067664由遗传神经网络算法构建的现货投资组合	卖出1份IF1011股指期货合约，价值为3068.0×300=920400(3068为当时合约的点数)
2010年10月29日	此期间该组合市值上涨幅度达37%	对冲该份股指期货合约，价值为3420×300=1026000
市值变化	盈利395035	损失105600
对冲收益率	(395035－105600)／(1067664＋920400×0.2)＝23%	

这里重点研究了基于最小风险的最优对冲比率的绩效问题，根据历史

数据进行训练学习，对训练期的最优对冲比率做了回归预测，最后对对冲绩效进行了样本区间外的检验。当然现货投资组合和股指期货价格波动存在差异性，其波动幅度在一定程度上会影响对冲效果，本章将在进一步的研究当中逐步探索采用滚动时间模型比如 AR – GARCH、ECM – GARCH 和状态空间等递推决策模型来预测 Beta 系数的变化以便增强组合的抗风险能力和提高整个投资组合的整体绩效。

8.4 本章小结

本章通过基于遗传神经网络的全局优化算法构建现货投资组合，研究了在确定最优对冲比率的情况下获得 Alpha 收益的套利策略，采用二进制和实数值混合编码的遗传神经网络算法对组合的资产配置进行了优化。该算法能同时优化网络结构和权值向量，并在优化过程中引入了退火算子生成后代使遗传搜索空间的群体多样性更好，加快了遗传算法的收敛速度，提高了最优解的优化精度。实证分析表明，A 股市场收益具有非常强的时变特性，其价格变动还存在波动积聚的尖峰厚尾现象，为寻求更高 Alpha 收益的套利空间提供了比较好的机会，实实在在解决了投资过程中遇到的实际问题，在竞争激烈的证券市场上为获得超额回报的 Alpha 收益提供了一种鲁棒性很强的方法。另外，通过遗传神经网络的全局优化算法实现了投资组合的动态寻优，解决了实际投资过程中组合里股票的选择这样一个非常棘手的问题，并且利用支持向量机的预优化和不断的遗传变异得到适应性更强的种群，不仅有效解决了投资过程中优质股票的选择问题，而且得到了优质股票组合的最优解，具有双重优化功能，有比较强的实际应用价值。其次，在算法上采用混合的遗传神经网络方法并引入了退火算子，克服了单纯地用遗传算法所产生的个体早熟现象和 BP 神经网络局部收敛的缺点，充分利用混合算法的优点解决比较复杂的优化问题，实现了在优化过程中关键参数的动态自适应调整，在应用上实现了双目标的动态均衡，取得了比较好的效果。

总结与展望

研究内容及总结

本书在总结现代投资组合理论的基础上，重点探索了投资机会集中参数不确定性、风险资产收益过程的可预测性、时变性和跳跃性对动态资产组合选择的影响。结合实际的投资环境，综合模糊决策理论、集成预测方法、随机最优控制等技术，对连续的、多期投资组合问题、摩擦市场的多阶段动态投资问题以及含金融衍生品的资产配置问题进行分析和研究，为投资者和金融决策机构提供了新的分析手段和模型。全文研究主要结论归纳如下：

一、利用模糊理论和集成预测方法，代表性地选择了遗传神经网络模型、多因素 SVM 回归模型和 ARIMA 时间序列模型作为组合预测中的单一模型，并将单一模型预测结果作为模糊变量，构建了集成预测的均值—方差—熵型的模糊投资组合优化模型；借助粒子群优化和神经网络的智能算法研究了摩擦市场下的多阶段资产组合选择的最优化问题，扩展了静态模型。

二、在幂效用函数的假设条件下，讨论了具有随机预算财富约束和极大化期望终止效用的资产组合选择问题。基于对金融市场、投资者偏好结构和投资决策过程的特定假设，揭示和解释了动态资产组合决策过程的规律，用随机控制的方法构建了投资组合，得到了资产组合选择最优投资策略的解析表达式，给出了分析问题的一般框架。

三、围绕成交量对股票价格的影响及价格突然变动的特征，分析了含成交量的带跳连续时间投资组合策略，通过数值逼近的算法获得最优投资策略，为追求绝对收益的对冲基金提供了适用的财富管理工具。

四、基于 Black – Scholes 模型的假设，运用随机最优控制技术及 HJB 方程研究了含期权和交易成本以及通货膨胀、随机利率等因素影响下的连续时间资产组合选择，应用改进的数值逼近方法得到相应优化问题的最优投资策略和套期保值策略，验证了最优投资策略优于套期保值策略。

五、通过遗传神经网络算法研究了含股指期货的 Alpha 套利策略，采用混合智能算法对组合的资产配置进行了优化，分析了新提出的对冲套利方法在多阶段投资过程中的盈利能力和实用价值。

纵观本书的研究内容可以看出，最优化方法、计算机技术、运筹学与控制论、计量经济学及统计学的快速发展为大量数据的处理分析和提取提供了理论和技术上强有力的支持。人工智能方法、图形识别技术、生物遗传科学、工程控制方法等在金融经济学中的广泛应用让人们看到了投资组合理论的发展趋势，投资组合理论必然沿着结合最新的科学技术和基于跨学科的综合应用研究方向发展。我们应着力把不同的投资组合理论融会贯通并与中国实际相结合，尤其从我国资本市场新兴加转轨的特点出发，结合我国特殊的政策环境和文化、社会背景，运用行为金融学、发展经济学、心理学、进化论等理论，对投资者行为偏差产生的外部原因和内部机理进行科学分析，将金融经济学等领域专家的专业知识和现代化科学技术及专职理财专家的个人智慧结合起来，形成一个完整的决策支持系统来帮助投资者进行资产配置，构建出适合中国国情的证券投资组合理论体系，为我国证券市场健康快速的发展提供有价值的参考。

未来研究思路展望

金融学是研究不确定性条件下在不同时间和地点进行货币、时间和资产配置的学科，投资者出于自身风险及流动性喜好不同，对收益与风险的预期不同，决策的结果可能千差万别，直接导致大量不确定性产生，由于传统模型基本假定的苛刻性、刻画价格波动的平稳性和投资者获得信息的独立性，使得传统金融理论构造的投资模型并不能很好地反映实际情况，从而进一步导致了现代组合选择理论在现实环境中的适应性不足。另外，随着世界经济全球一体化进程的加快，各国之间贸易往来频繁，跨国投资、资金交往日益增加，经济发展，特别是金融创新，使得利率市场化成为经济发展的必然。信用风险、通货膨胀、通货紧缩、操作风险等各种市场风险和非市场风险，均会对资产组合管理产生不同程度的影响。再次，由于金融市场联动性加强，许多金融衍生工具的开发加大了市场的波动，使得各种传统资产所面临的风险日益加大。如何综合考虑上述因素，建立更加符合实际情况和适应时代发展的金融经济模型需要更多的数学及计算机技术引入。因此，进一步研究不同金融市场结构下的投资组合问题是非常必要的。由于金融决策和交易的复杂性、金融市场的易变性，至今对许多问题的解释还难以令人满意，显而易见，建立在有效市场假说之上的投资组合理论很难取得令人满意的结果，这些都有赖于不确定性条件下金融工程及经济学的进一步发展和深化。下面的几个研究方向可能会成为未来研究的主流：

第一，(1) 混沌科学在物理和数学领域的快速发展促进其在金融和经济领域的发展，混沌经济学极大增强了经济理论指导现实的应用能力。金融资产价格容易受经济、政治、心理等多方面因素影响，采用传统的计量经济学的方法处理这些现象与行为往往难以得到令人满意的结果，运用混沌的方法处理则可取得意想不到的效果，因而基于混沌时间序列预测的投资组合建模具有重要的应用前景。(2) 基于动态规划、随机规划等方法，探索带偿付和避免破产的多阶段规划、多层规划的状态空间递推的决策模型，加强基于资产收益非线性连续时间模型以及含有复杂金融衍生品（如蝶式期权、彩虹期权等）的动态投资组合选择问题的研究，开展连续时间的带有主观预期收益和风险偏好特征以及模糊决策和随机微分方程相结合的动态投资组合选择问题的研究仍是一个重要的努力方向。(3) 基于非效用最大化的资产组合配置理论。传统的效用函数不能够准确描述投资者的价值取向，投资者的非绝对理性和金融经济知识的相对匮乏迫切要求构建类似模糊价值型的动态组合模型来解决实际投资问题，如何能在不必具体知道市场参数及有关统计信息或深奥的数量经济学原理，甚至不需要详细描述连续时间条件下价格变动的随机过程的情况下，通过跟踪不同组合之间证券权重的情况便可准确达到最优恒定组合，得出比较符合实际情况和可操作性强的投资组合策略是未来研究投资组合理论的一个新的方向。

第二，进一步发展行为投资组合理论。现代金融学的投资组合理论以预期理论为基础，假设投资者均是风险厌恶型的，只是对风险厌恶的程度不同，同时将资产组合看成一个整体，并且考虑组合中各不同证券之间的协方差；而行为投资组合理论假设投资者都是损失厌恶型的，追求安全保证的同时又追求高风险以获取高收益，投资者不再将资产组合看成一个整体，而是投资于具有金字塔形层状结构的资产组合，每一层都对应着投资者特定的投资目的和风险，一些资金投资于最底层以规避风险，一些资金则被投资于更高层来争取更大的收益，同时忽略了协方差对投资组合的影响。行为金融学正在对投资行为产生重要而深刻的影响，它在描述人的行为和知识的不确定性方面具有相当的优势，结合行为金融学的模糊投资组合理论，无疑是今后投资理论一个重要研究方向。

第三，推动和发展进化金融理论的投资组合选择。基于达尔文适者生存的生物进化论思想和最近的进化博弈理论，通过研究投资策略的博弈状态和相互作用结果及其渐进行为等金融规律，建立金融随机动态的投资组合模型，是一个长期值得努力的研究方向。金融市场是适者生存优胜劣汰的市场，明智地选择最优化策略，最后会在所有的策略中胜出并控制市场上的财富，金融市场不断演化和螺旋式的进化过程有助于形成有效市场。其研究方式和研究内容仍然处于不断发展过程之中，亟须进一步加强研究。

最后，我们坚信，理论服务于实践，实践推动理论发展，随着理论和实践在相互促进的过程中不断向前发展，投资组合理论的研究，必将会进一步取得质的飞跃，从而实现理论和实践携手共进的良性循环局面。

参考文献

[1] 朱书尚．多阶段投资组合选择及其风险控制［D］．北京：中国科学院数学与系统科学研究院，2003. ZHU Shushang. Multistage portfolio selection and risk control［D］. Beijing：Chinese Academy of Science ， Academy of Mathematics and System Science ，2003.

[2] 李仲飞，汪寿阳．投资组合优化与无套利分析［M］．北京：科学出版社，2001.

[3] 于立勇．基于随机规划的动态投资组合选择［D］．北京：中国科学院数学与系统科学研究院，2004 YU Liyong. Dynamic portfolio selection based on stochastic programming［D］. Beijing ：Chinese Academy of Science ， Academy of Mathematics and System Science ，2004.

[4] 吉小东．多阶段投资组合选择及资产负债管理［D］．北京：中国科学院数学与系统科学研究院，2004. JI Xiaodong. Multistage portfolio selection and the asset/ liability management［D］. Beijing：Chinese Academy of Science ， Academy of Mathematics and System Science ，2004.

[5] 余乐安，汪寿阳，黎建强．外汇汇率与国际原油价格波动与预测——TEI@ I方法论［M］．长沙：湖南大学出版社，2006.

[6] 陈华友．组合预测方法有效性理论及其应用［M］．北京：科学出版社，2008.

[7] 杨志民，刘广利．不确定性支持向量机原理及应用［M］．北京：科学出版社，2006.

[8] 邓乃杨，田英杰．数据挖掘中的新方法——支持向量机［M］．北京：科学出版社，2005.

[9] 高铁梅．计量经济分析方法与建模［M］．北京：清华大学出版社，2006：126－154.

[10] 徐大江. 确定最大投资风险极小化的组合证券投资比例的线性规划方法 [J]. 系统工程, 1993, 11 (6): 27 -30.

[11] 邵全. 模糊机会约束规划下的投资组合模型 [J]. 数理统计与管理, 2007, 26 (3): 23 -46.

[12] 陈国华, 陈收, 汪寿阳. 区间数模糊投资组合模型 [J]. 系统工程, 2007, 25 (8): 32 -45.

[13] 诸克军, 苏顺华, 黎金玲. 模糊 C 均值中的最优聚类与最佳聚类数 [J]. 系统工程理论与实践, 2005, 3 (6): 52 -61.

[14] 范龙振, 俞世典. 中国股票市场的三因子模型 [J]. 系统工程学报, 2002, 17 (6): 11 -21.

[15] 邓长荣, 马永开. 三因素模型在中国证券市场的实证研究 [J]. 管理学报, 2005, (5): 591 -696.

[16] 程翼, 魏春燕. 股票定价理论及其在中国股票市场的应用 [J]. 中国社会科学院研究生院学报, 2005, (3): 25 -34.

[17] 杨永光. 股票定价理论及在我国的实证研究 [J]. 统计与决策, 2001, 3 (9): 16 -27 .

[18] 李鑫, 刘小莉, 徐寒飞. 权益证券定价方法 [M]. 上海: 复旦大学出版社, 2004.

[19] 施东晖. 中国股市微观行为理论与实证 [M]. 上海: 上海远东出版社, 2001.

[20] 李心丹. 行为金融学理论及中国的证据 [M]. 上海: 上海三联书店, 2004.

[21] 刘海龙, 吴冲锋. 基于最差情况的最优消费和投资策略 [J]. 管理科学学报, 2001, 4 (6): 48 -54.

[22] 张淑英, 张世英, 崔援民. 考虑交易成本的连续时间证券组合管理 [J]. 数量经济技术经济研究, 1998, 15 (7): 24 -28.

[23] 陈收, 周奕, 邓小铁, 汪寿阳. 利率随资本结构变化条件下的组合投资有效边界 [J]. 管理科学学报, 2000, 9 (3): 75 -81.

[24] 廖爵, 陈收, 杨宽. 成交量对证券组合投资有效边界影响的实证分析 [J]. 数量经济技术经济研究, 2001, 7 (3): 85 -88.

[25] 陈收，杨宽，廖豁．证券市场中股票成交量对投资组合优化的影响［J］．管理科学学报，2002，6（5）：6－10.

[26] 项筱玲，韦维．时间最优控制的 Mayer 逼近［J］．贵州大学学报，2003，4（20）：111－115.

[27] 王小平，曹立明．遗传算法——理论、应用与软件实现［M］．西安：西安交通大学出版社，2005.

[28] 王素芬，彭林元．智能信息处理方法在股市研究中的应用［J］．中央财经大学学报，2003，3（6）：46－51.

[29] Vladimir N. Vapnik. 统计学习理论的本质［M］．张学工译．北京：清华大学出版社，2000.

[30] 李憬．成长型企业价值评估方法比较分析［J］．管理科学，2003，16（5）：27－30.

[31] 孙国茂．公司价值理论与股票定价［J］．中央财经大学学报，2002，（4）：43－47.

[32] 孟详泽，刘新勇，车海平等．基于遗传算法的模糊神经网络股市建模与预测［J］．信息与控制，1997，26（5）：388－392.

[33] 周佩玲，陶小丽，傅忠谦．基于遗传算法的 RBF 网络用于股票短期预测［J］．数据采集与处理，2001，16（2）：249－252.

[34] 胡冰，潘福铮，胡清锋．遗传算法在股票短期投资决策中的运用［J］．系统工程理论与实践，2005，2（6）：7－13.

[35] 李敏强，张俊峰，寇纪淞．遗传算法在股市投资策略（战略）研究中的应用［J］．系统工程理论与实践，1998，8（3）：19－25.

[36] 王吉吉，顾培亮．基于学习—竞争模式的启发式算法及其应用［J］．华中科技大学学学报（自然科学版），2007，35（5）：38－42.

[37] 张伟，周群，孙德宝．遗传算法求解最佳证券投资组合［J］．数量经济技术经济研究，2001，10（3）：114－116.

[38] 王硕，唐小我，曾勇．基于加速遗传算法的组合预测方法研究［J］．科研管理，2002，23（3）：118－121.

[39] 黄旭阳．基于改进的遗传算法研究证券组合投资［R］．中国控制与决策学术年会会议论文，1999（4）：415－420.

[40] 攀登，吴冲锋．用遗传算法直接搜索证券组合投资的有效边界[J]．系统工程学报，2002，17（4）：364－367.

[41] 倪苏云，攀登，吴冲锋．基于遗传算法的基金绩效综合评价[J]．系统工程，2003，21（2）：1－5.

[42] 周明，孙树栋．遗传算法原理及应用[M]．北京：国防工业出版社，1999.

[43] 周琛琛．基于 Matlab 遗传算法工具箱的函数优化问题求解[J]．现代计算机，2006（12）：84－86.

[44] 薛定宇，陈阳泉．高等应用数学问题的 Matlab 解法[M]．北京：清华大学出版社，2004：17－19.

[45] 雷英杰，张善文等．Matlab 遗传算法工具箱及应用[M]．西安：西安电子科技大学出版社，2005：107－151.

[46] 周正武，丁同梅，田毅红等．Matlab 遗传算法优化工具箱（GAOT）的研究与应用[J]．机械研究与应用，2006，6（19）：69－71.

[47] 于玲，贾春强．Matlab 遗传算法工具箱函数及应用实例[J]．机械工程师，2004，11（6）：27－28.

[48] Markowitz H. Portfolio selection [J]. Journal of Finance, 1952, 7 (3): 77－91.

[49] Merton R. C. Option pricing when underlying stock returns are discontinuous [J]. Journal of Financial Economics, 1976, 3 (1): 125－144.

[50] Jarrow R. A., Rudd A. Option Pricing [M]. Illinois: Irwin, 1983.

[51] Breedea D. T. An intertemporal asset tracing model with stochastic consumption and investment opportunities [J]. Journal of Financial Economics, 1979, 7 (3): 265－296.

[52] Munk C. Optimal Consumption－Investment Policies with Undiversifiable Income Risk and Liquidity Constraints [J]. Journal of Economic Dynamics and Control 2000, 24 (9), 1315－1343.

[53] Liu R. W. Jumps and Dynamic Asset Allocation [J]. Review of Quantitative Finance and Accounting, 2003, 20 (3): 207－243.

[54] Iglehart D. Diffusion Approximations in Collective Risk Theory [J].

Journal of Applied Probability, 1969, 6 (3): 285 -292.

[55] Harrison M. J. Ruin Problems with Compounding Assets [J]. Stoch. Proc. Appl., 1977, 5 (3): 67 -79.

[56] Grandell J. Aspects of Risk Theory [M]. Springer - Verlag, NY. 1991.

[57] Mulvey J. M., Correnti S., Lummis J. Total integrative risk management: Insurance elements [R]. Princeton: Princeton University, 1997.

[58] Hibiki N. Multiperiod stochastic optimization models for dynamic asset allocation [J]. Journal of Banking & Finance, 2006, 30 (6): 365 -375.

[59] Cover T. M. Universal portfolios [J]. Mathematical Finance, 1991, 1 (6): 1 -29.

[60] Li X., X. Y. Zhou and E. B. Lim. Dynamics mean - variance portfolio Selection with no shorting constraints [J]. Control and Optimization, 2002, 40 (5): 1540 -1555.

[61] Sharpe W. F. A linear programming algorithm for mutual fund portfolio sel ection [J]. Management Science, 1967, 3 (5): 499 -510.

[62] Zhou X. Y., Li D. Continuous - time mean - variance portfolio selection: a stochastic LQ framework [J]. Applied Mathematics&Optimization, 2000, 42 (1): 19 -33.

[63] Tanaka H., Guo P., Turksen I. B. Portfolio selection based on fuzzy probabilities and possibility distributions [J]. Fuzzy Sets and Systems, 2000, 111 (3): 387 -397.

[64] Inuiguchi M., Tanino T. Portfolio selection under independent possibilistic information [J]. Fuzzy Sets and Systems, 2000, 115 (1): 83 -92.

[65] Jun Y. Forecasting Volatility in the New Zealand StockMarket [J]. Journal of Financial Econormics, 2002, 12 (3): 66 -78.

[66] Wang S. Y. TEI@ I: a new methodology for studying complex systems [Z]. The International Workshop on Complexity Science, Tsukuba, Japan, 2004.

[67] Eberhart R. C., Shi Y. Particle swarm optimization: developments,

applications and resources [A]. Proc. Congress on Evolutionary Computation 2001 [C]. Piscataway, NJ: IEEE Press, 2001: 81 -86.

[68] Jang J. S. R. , Sun C. T. Neuro - fuzzy modeling and control [J]. Proceeding IEEE, 1995, 83 (3): 378 -406.

[69] Huang X. X. Fuzzy chance - constrained portfolio selection [J]. Applied Mathematics and Computation, 2006, 177 (2): 500 -507.

[70] Parra M. , Terol A. A Fuzzy Goal Programming Approach to Portfolio Selection [J]. European Journal of Operational Research, 2001, 3 (13): 55 -68.

[71] Carlsson C. , Fuller R. A Possiblistic Approach to Select Portfolios with Highest Utility Score [J]. Fuzzy Sets and Systems, 2002, 6 (11): 34 -45.

[72] Carlsson C. , Fuller R. On possibilistic mean value and variance of fuzzy numbers [J]. Fuzzy Sets and Systems, 2001, 122: 351 -326.

[73] Liu B. Uncertainty Theory: An Introduction to its Axiomatic Foundations [M]. Berlin Springer - Verlag, 2004.

[74] Frey B. J. , dueck D. Clustering by passing messages between data points [J]. Science, 2007, 315: 972 -976.

[75] Fama. , Eugene F. , French. , Kenneth R. Size, value, and momentum in international stock returns [J]. Journal of Financial Economics, 2012, 105 (3): 457 -472.

[76] Kloner K. F. , J. Sultan. Time - Varying Distributions and dynamic Hedging with Foreign Currency Futures [J]. Journal of Financial and Quantitative Analysis, 1993, 28: 535 -551.

[77] Deng X. T. , Li Z. F. , Wang S. Y. A minimax portfolio selection strategy with equilibrium [J]. European Journal of Operational Research, 2005, 166 (1): 278 -292.

[78] Fang Y. , Lai K. K. , Wang S. Y. portfolio rebalancing model with transaction costs based on fuzzy decision theory [J]. European Journal of Operational Research, 2006, 175: 87 -893.

[79] Sen S. , Yu L. A. , Genc T. A stochastic programming approach to

power portfolio optimization [J]. Oper. Res., 2006, 54 (1): 55 -72.

[80] Arnott R. D., Wanger W. H. The measurement and control of trading costs [J]. Financial Analysis Jouranl, 1990, 46 (6): 73 -80.

[81] Watada J. Fuzzy Portfolio selection and its applications to decision making [J]. Tatra Mountains Mathematical Publication, 1997, 13 (6): 219 -248.

[82] Tanaka H., Guo P., Turksen I. B. Portfolio selection based on fuzzy Probabilities a Possibility distributions [J]. Fuzzy sets and systems, 2000, 111 (3): 387 -397.

[83] Wang S. Y., Zhu S. S. on fuzzy Portfolio selection Problem [J]. Fuzzy Optimization and Decision Making, 2002, 1 (6): 361 -377.

[84] Basak S., Shapiro A. Value - at - Risk - Based risk management: Optimal Policies and asset Prices [J]. The Review of Financial Studies Summer, 2001, 14 (2): 33 -42.

[85] Suykens J. A. K., Lukas L., Wandewalle J. Sparse approximation using least square support vector machines [C]. In Proceeding of the IEEE International Symposium on Circuits and Systems, 2000, (2): 757 -760.

[86] Li Y. M., Gong S. G., Sherrah J., Liddell H. Support vector machine based multi - view face detection and recognition [J]. Image and Vision Computing, 2004, 22 (5): 413 -427.

[87] Romdhani S., Torr P., Blake A. Efficient face detection by a cascaded support - vector machine expansion [J]. Proceeding of the Royal Society of London Series A - Mathematical Physical and Engineering Sciences, 2004, 460 (2051): 3283 -3297.

[88] Fama E. F., French K. R. Common risk factors in the returns on stocks and bonds [J]. Journal of Financial Economics, 1993, 33 (6): 38 -56.

[89] Fama E. F., French K. R. Multifactor explanations of assct pricing anomalies [J]. Journal of Finance, 1996, 51 (2): 55 -84.

[90] Aion B., Reuven L., Roni M. Using expectations to Test Asset Pricing Models [M]. Financial Management, Autumn, 2005.

[91] Merton R. C. Life time portfolio selection under uncertainty: the continuous time cases. Review of Economics and Statistics [J]. 1969, 51 (3): 247 – 257.

[92] Cox J., Huang F. Optimal consumption and portfolio policies when asset prices follow a diffusion process [J]. Economic Theory, 1989, 49 (1): 33 – 83.

[93] Karatzas I., Lehoczky J. P., Shreve S. E. Optimal portfolio and consumption decisions for "small investor" on a finite horizon [J]. SIAM J. Control and Optimization, 1987, 25 (6): 1557 – 1586.

[94] Domenico C., Jaksa C. Optimal consumption choices for a "large" investor [J]. Journal of Economic Dynamics and Control, 1998, 22 (3): 401 – 436.

[95] Pikovsky I., Karatzas I. Anticipative portfolio optimization [J]. Advances in Applied Probability, 1996, 28 (4): 1095 – 1122.

[96] Preman E., Sethi S. Distribution of bankruptcy time in a consumption/portfolio problem [J]. Journal of Economic Dynamics and Control, 1996, 20: 471 – 477.

[97] Suleyman B. On the fluctuations in consumption and market returns in the presence of labor and human capital: An equilibrium analysis [J]. Journal of Economic Dynamics and Control, 1999, 23 (7): 1029 – 1064.

[98] Olney M. L. Avoiding default: The role of credit in the consumption collapse of 1930 [J]. Quarterly Journal of Economics, 1999, 114 (1): 319 – 335.

[99] Munk C. Optimal consumption/investment policies with undiversifiable income risk and liquidity constraints [J]. Journal of Economic Dynamics and Control, 2000, 24 (9): 1315 – 1343.

[100] Cvitanic J., Karatzas I. Convex duality in convex portfolio optimization [J]. The Annals of Applied Probability, 1992, 2 (4): 767 – 818.

[101] Lakner P. Utility maximization with partial information [J]. Stochastic processes and their applications, 1995, 56 (2): 247 – 273.

[102] Muthuraman K. , Kumar S. Multi – dimensional portfolio optimization with proportional transaction costs [J]. Mathematics and Finance, 2006, 16 (2), 301 –335.

[103] Muthuraman K. , Kumar S. A computational scheme for optimal investment consumption with proportional transaction costs [J]. Journal of Economic Dynamics&Control, 2007, 31 (4): 1132 –1159.

[104] Korn R. Some applications of impluse control in mathematical finance [J]. Mathematical methods of operations research, 1999, 50 (3): 493 –518.

[105] Wang S. , Teo K. L. Solving Hamilton – Jacobi – Bellman equations by a modified method of characteristics [J]. Journal of Systems Science, 2005, 36 (3): 153 –163.

[106] Liu Y. H. , Zhu C. J. decay rates of planar viscous rarefaction wave for scalar conservation law with degenerate viscosity in n – dimensions [J]. Nonlinear Analysis, TMA, 2009, 70 (3): 1984 –1999.

[107] Lions P. L. , Sougarnidis P. E. Differential games, optimal control and directional derivatives of viscosity solutions of Bellman's and Issac's equation [J]. SIAMJ. Comtr Optim, 1985, 3 (23): 566 –583.

[108] Sanjiv R. D. , Rangarajan K. An approximation algorithm for optimal consumption/investment problems [J]. International Journal of Intelligent Systems in Accounting, Finance&Management, 2002, 11 (3): 55 –69.

[109] Tasche D. Measuring Diversification in an Asymptotic Multi – Factor Framework [N]. Deutsche Bundesbank working Paper, 2005.

[110] Bai J. , Ng S. Evaluating Latent and Observed Factors in Macroeconomics and Finance [J]. Journal of Econometrics, 2006, 5 (3): 11 –23.

[111] Wachter J. A. Portfolio and Consumption Decisions Under Mean – Reverting Returns: An Exact Solution for Complete Markets [N]. Working Paper, Harvard University, 1998.

[112] KimT. S. , Omberg E. , Dynamic Nonmyopic Portfolio Behavior [J]. The Review of Financial Studies , 1996, 9 (6): 141 –161.

[113] Chacko G. , Viceira L. M. Dynamic consumption and portfolio choice

with stochastic volatility in incomplete markets [D]. Working Paper, Harvard University, 1999.

[114] Deelstra G., Grasselli M., Koehl P. Optimal investment strategies in a CIR framework [J]. Journal of Applied Probability, 2000, 37 (5): 1–12.

[115] Battoochio P., Menoncin., Francesco. Optimal pension management in a stochastic framework [J]. Insurance: Mathematics and Economics, Elsevier, 2004, 34 (1): 79–95.

[116] Boulier J. F., Huang S. J., Gregory T. Optimal management under stochastic interest rates: the case of a protected defined contribution pension fund [J]. Insurance: Mathematics and Economics, 2001, 28 (3): 173–189.

[117] Deelstra G., Koehl P. E. Optimal investment Strategies in the presence of a Minimum Guarantee [M]. To appear in Insurance: Mathematics and Economics, 2001.

[118] Campbell J. Y., Viceira L. M. Strategic Asset Allocation: Portfolio Choice for Long – Term Investors [M]. Oxford University Press, Oxford, 2002.

[119] Franke G., Peterson S., Stapletorn R. C. Intertemporal Portfolio Behaviour When Labor Income is Uncertain [C]. SIRIF Conference on Dynamic Portfolio Strategies, Edinburgh, 2001, 3 (5): 13–28.

[120] Haberman S., Vigna E. Optimal investment strategy for defined contribution pension schemes [J]. Insurance: Mathematics and Economics, 2001, 28 (30): 233–262.

[121] Xia J. M. Multi – agent investment in incomplete markets [J]. Finance and Stochastic, 2004, 8 (3): 241–259.

[122] Cox J. C., Huang C. F. Option consumption and portfolio when asset prices follow a diffusion process [J]. Journal of Economic Theory, 1989, 49 (5): 33–83.

[123] Davis M. H. A., Norman A. R. Portfolio selection with transaction costs [J]. Mathematics of Operations Research, 1990, 15 (6): 676–713.

[124] Lucas R. Asset prices in an exchange economy [J]. Econometrica,

1978, 46 (3): 1429 - 1445.

[125] Fama E. F. Efficient capital markets: a review of theory and empirical work [J]. Journal of Finance 1970, 25 (2): 383 - 417.

[126] Grannan E. R., Swindle G. H. Minimizing transaction costs of option hedging strategies [J]. Mathematical Finance, 1996, 6 (3): 341 - 364.

[127] Cox J., Ross., Rubinstein M. option pricing : A Simplified Approach [J]. Journal of Financial Economies, 1979, 7 (9): 229 - 264.

[128] Sharpe W. F., Tint L. G . Liabilities - a new approach [J]. Journal of Portfolio Management, 1990, 16 (2): 5 - 10.

[129] Leippold M., Trojani F., Vanini P. A geometric approach to multi - period mean - variance optimization of assets and liabilities [J]. Journal of Economics Dynamics and Control, 2004, 28 (6): 1079 - 1113.

[130] Chiu M C., Li D. Asset and liability management under a continuous - time mean - variance optimization framework [J]. Insurance: Mathematics and Economics, 2006, 39 (3): 330 - 355.

[131] Xie S., Li Z., Wang S. Y. Continuous - time portfolio selection with liability: mean - variance model and stochastic LQ approach [J]. Insurance: Mathematics and Economics, 2008, 42 (3): 943 - 953.

[132] Papi M., Sbaraglia S. Optimal asset - liability management with constraints: a dynamic programming approach [J]. Applied Mathematics and Computation, 2006, 173 (1): 306 - 349.

[133] Deelstra G., Grasselli M., Koehl P F. Optimal investment strategies in a CIR framework [J]. Journal of Applied Probability, 2000, 37 (4): 936 - 946.

[134] Grasselli M. A stability result for the HARA class with stochastic interest rates [J]. Insurance: Mathematics and Economics, 2003, 33 (3): 611 - 627 .

[135] Korn R., Kraft H. A stochastic control approach to portfolio problems with stochastic interest rates [J]. SIAM Journal of Control and optimization, 2001, 40 (4): 1250 - 1269.

[136] Gao J. W. Stochastic optimal control of DC pension funds [J]. Insurance: Mathematics and Economics, 2008, 42 (3): 1159 – 1164.

[137] Boulier J. F., Huang S., Taillard G. Optimal management under stochastic interest rates: the case of a protected defined contribution pension fund [J]. Insurance: Mathematics and Economics, 2001, 28 (2): 173 – 189.

[138] Ma J. J., Wu R. On a barrier strategy for the classical risk process with constant interest force [J]. Chinese Journal of Engineering Mathematics, 2009, 26 (6): 1133 – 1136.

[139] Lee S. B. Term structure movements and pricing interest contingent claims [J]. Journal of Finance, 1986, 41 (5): 1011 – 1029.

[140] KimT. S., Omberg E. Dynamic Nonmyopic Portfolio Behavior [J]. The Review of Financial Studies, 1996, 9 (5): 141 – 161.

[141] Bauer R. J. Genetic algorithms and investment strategies [M]. John Wiley & Son, Inc, 1992.

[142] Rode D., Parikh S., Friedman. An evolutionary approach to technical trading and capital market efficiency [Z]. Wharton School, Working Paper, 1995.

[143] Olivier V., Dacorogna M., Chopard B. Using genetic algorithms for robust optimization in financial applications [Z]. Research institute for applied economic, Switzerland, 1995.

[144] Papadamou S., Stephanides G. A new matlab – based toolbox for computer aided dynamic technical trading [J]. Financial engineering news, 2003, 6 (5): 31 – 36.

[145] Lien D. Stochastic Volatility and Futures Hedging [J]. Advances in Futures and Options Research, 1999, 10 (8): 253 – 265.

[146] Myers R. J. Estimating Time – Varying Optimal Hedge Ratios on Futures Markets [J]. Journal of Futures Markets, 1991, 11 (2): 39 – 53.

[147] Trippi R. R., DeSieno D. Trading equity index futures with a neural network [J]. The Journal of Portfolio Management, 1992, 19 (6): 27 – 33.

[148] Denning P. J. Neural Networks [J]. American Scientist, 1992, 80

(5): 426 -429.

[149] Holland J. H. Genetic algorithms [J]. Scientific American, 1992, 33 (4): 44 -50.

[150] Kim S. H. , Chun H. S. Graded forecasting using an array of bipolar predictions: application of probabilistic neural networks to a stock market index [J]. International Journal of Forecasting, 1998, 14 (6): 323 -337.

[151] Angeline P. J. Evolutionary optimization versus particle swarm optimization: philosophy and performance difference [J]. Computer Science, 1994, 12 (1447): 601 -610.

[152] Kloner K. F. , Sultan J. Time - Varying Distributions and dynamic Hedging with Foreign Currency Futures [J]. Journal of Financial and Quantitative Analysis. 1993, 28 (3): 535 -551.